Dubhghlas de hÍde

AMHRÁIN CHÚIGE CHONNACHT

Amhráin Chúige Chonnacht I-III

Ó Cearbhalláin, Amhráin Molta na mBan, Amhráin Óil

Dubhghlas de hÍde

in eagar ag Breandán Ó Conaire

The Songs of Connacht I-III

Songs of O'Carolan, Songs Praising Women, Drinking Songs

Douglas Hyde

edited, with an introduction, by
Breandán Ó Conaire

IRISH ACADEMIC PRESS

The typesetting of this book was keyboarded
by Gilbert Gough Typesetting and
produced by Computer Graphics Ltd, Dublin.
The book is published by Irish Academic Press,
Kill Lane, Blackrock, Co. Dublin.

1st edition 1985

ISBN 0-7165-0527-4 hb
ISBN 0-7165-0528-2 pb

BRITISH LIBRARY CATALOGUING IN PUBLICATION DATA

Songs of Connacht: I-III, Songs of O'Carolan
Songs Praising Women, Drinking Songs.
1. Songs—Ireland—Texts. 2. Songs, English—Texts
I. Hyde, Douglas, 1860-1949

Contents

Introduction

In his Fuagradh or Announcement to the first edition of *Abhráin Grádh Chúige Connacht* (1893) Douglas Hyde spoke of his ambitious project to publish the songs of his native province:

Ní'l ann san leabhairín seo acht aon chaibidil amháin de'n leabhar mór atá mé ag cur le chéile ar 'Abhránaibh Chúige Connacht.' Tá caibidil le bheith agam ann ar abhránaibh Uí Chearbhalláin nach raibh ariamh i gcló, caibidil eile ar Mhac Cába agus ar Chom-aimsireachaibh an Chearbhallánaigh, caibidil eile ar abhránaibh óil, caibidil ar chaointibh agus ar abhránaibh bróin, caibidil ar dhántaibh Mhic Shuibhne agus an Bhaireudaigh, caibidil ar dhántaibh an Reachtaire, caibidil ar abhránaibh eugsamhla, agus b'éidir tuilleadh. Agus i n-éinfheacht leis sin tá mé ag cur rómham cúntas iomlán do thabhairt ar bhárdaigheacht agus ar rannaigheacht na h-Éireann, le somplachaibh ar níos mó 'ná leith-cheud de na miosúraibh nó módhaibh-rannaigheachta do bhí aca, i nGaedheilg.[1]

The chapters on Raftery (fifth) and on the religious songs (sixth and seventh) were eventually published in book form — in 1903 and 1906 respectively — as well as an addition to the nine-chapter opus — *An Leath-Rann* in 1922. Enlarged Irish language editions of both the *Abhráin Ghrádha* (fourth) and *Abhráin atá leagtha ar an Reachtúire* were issued in 1931 and 1933. The Roimhrádh or Preface to the former refers to his sources and to the original three chapters:

bhain mé cuid aca (.i. *na hamhráin*) as sgríbhinnibh in mo sheilbh féin agus cuid eile aca as sgríbhinnibh san Acadamh Éireannach agus cuid mhór ó bhéal na ndaoine — daoine nach bhfuil éinne aca, is dóigh liom, beó anois.

Na h-abhráin ghrádha so, ba iad na ceathramhadh caibidil de leabhar iad do shaoil mé a thabhairt amach an uair sin in san sean-'Náisiún' san mbliadhain 1890, .i. Abhráin Chúige Chonnacht. An chéad chaibidil do bhí

---

1 This little book is only one chapter of the large book which I am putting together on the 'Songs of the Province of Connacht'. I shall have one chapter in it on the songs of O'Carolan which have never appeared in print, another chapter on MacCabe and on O'Carolan's contemporaries, another chapter on drinking songs, a chapter on keens and on songs of sorrow, a chapter on the poems of MacSweeney and Barrett, a chapter on the poems of Raftery, a chapter on miscellaneous songs, and maybe more. And in addition to this I intend to give a full account of the *bardaíocht* and *rannaíocht* of Ireland (i.e *the work of the professional poets*) with examples of more than 50 of the metres or rannaíocht-measures which they used, in Irish.

agam do thosaigh mé ar Dhánta an Chearbhallánaigh do chur i gcló, cuid aca nach raibh i gcló go dtí sin, acht do bhí i láimhsgríbhinn liom-sa do sgríobh Tadhg nó Tráchlas Ó Floinn éigin, timcheall céad bliadhain ó shoin. In san dara caibidil do chuir mé abhráin mholta na mban agus in san tríomhadh caibidil, abhráin óil.[2]

W.B. Yeats also referred to these premier chapters in his glowing review of *Abhráin Ghrádha*, which he described as 'one of those rare books in which art and life are so completely blended that praise or blame become well nigh impossible.' On the presentation of the song-texts he said:

These poems are pieced together by a critical account, which is almost as much a fragment of life as are the poems themselves. Dr Hyde wrote it first in Gaelic, of that simple kind which the writers of the poems must have thought, and talked, and then translated poems and prose together, and now we have both English and Gaelic side by side. Sheer hope and fear, joy and sorrow, made the poems, and not any mortal man or woman, and the veritable genius of Ireland dictated the quaint and lovely prose. The book is but the fourth chapter of a great work called 'The Songs of Connacht.' The preceding chapters are still buried in Irish newspapers. (*Bookman*, October 1893).

In fact, so completely buried were they that Professor Tomás Ó Máille, who edited the Irish Texts Society's volume of *Amhráin Chear-bhalláin / The Poems of Carolan* (1916), had no idea of their existence.[3] Thus for the first time, almost one hundred years after their one and only appearance in print, this original material is now made available in book form for the delectation of the scholar, the delight of the poet and the enjoyment of the general reader.

The work in recent years of Dr Dominic Daly has illuminated the early life of Douglas Hyde, especially his immersion from boyhood days in the indigenous culture, language and lore of the country.[4]

---

2 I took some of them from manuscripts in my own possession, some others from manuscripts in the Irish Academy and many from the mouths of the people — none of whom, I think, is now living.

These love songs, they were the fourth chapter of a book, which I intended to bring out at that time in the old *Nation* in the year 1890, i.e. the Songs of the Province of Connacht. The first chapter which I had, I began to issue the Poems of Carolan, some of which had not been printed until then, but were in a manuscript I had, written by some Tadhg or Tráchlas Ó Floinn about 100 years ago. In the second chapter I put songs in praise of women and in the third, drinking songs.

3 *Amhráin Chearbhalláin*, Tomás Ó Máille (London 1916) 1.

4 *The Young Douglas Hyde*, Dominic Daly (Shannon 1974); 'Printíseacht an Chraoibhín', D. Ó Dálaigh *Éigse* 14 (1971); 'The Young Douglas Hyde', D.

Hyde's two articles published in *The Dublin University Review* (1885-6) on the songs and language of Ireland represented the first public flowering of this early experience.[5] His diary for December 1889 records him completing and delivering a lecture on Irish Folklore to a gathering in Rathmines, Dublin. The following month we see him preparing another essay on Irish songs:

31.1.1890   Lá an fhliuch. Ag sgríobhadh deuntúis air abhránaibh Gaedheilge.

1.2.1890   Shíos i Rátrá. Caint agus deoch. Lá fliuch. Ag sgríobhadh déuntúis.

4.2.1890   Ag sgríobhadh. D'ólas an iomurcuidh ané.

6.2.1890   Ag leigheadh. Ní chuimhnuighim. Mharbheas préachán le pilléir.

7,8.2.1890   Ag leigheadh 7 ag sgríobhadh Gaedheilge as Mss. Sioc.[6]

An article entitled 'Irish Folk-Songs', by the Craoibhín Aoibhinn, appeared in an American paper, *The Providence Sunday Journal*, on 16 February 1890. On the evening of 28 March, Hyde recalls in his diary, he attended a meeting of the Pan-Celtic Society at which he read a paper on 'abhráinibh Gaedheilge.' The following month saw the appearance in the *Nation* weekly newspaper of 'Gaelic Folk Songs' by An Chraoibhín Aoibhinn. It was in essence a version of the Providence article, and was published in three segments between 26 April and 10 May 1890. The following week witnessed the launching of 'Dánta na mBard Connachtach' / 'The Poems of the Connacht Bards.' The first section or chapter (though not entitled as such at the time) concerned the poems of Toirdhealbhach Ó Cearbhalláin / Turlough O'Carolan, and appeared between 17 May and 21 June. 'An Dara Caibidil: Abhráin Molta na mBan' / 'The Second Chapter: Songs Praising Women' was published between 5 July and 2 August, and the third chapter, 'Na hAbhráin Óil' / 'Drinking Songs' between 9 August and 29 November. Locus then changed to *The Weekly Freeman*, where on 28 May 1892 'Songs of the Connacht Bards'

Ó Dálaigh *Studia Hibernica* 10 (1970); Introductions to the Irish University Press editions of *Abhráin atá leagtha ar an Reachtúire* (1973) and *Abhráin Diadha Chúige Connacht* (1972).

5 'The Unpublished Songs of Ireland' October 1885; 'A Plea for the Irish Language' August 1886.

6 'Day very wet. Writing a piece on Irish songs. Down in Ratra. Talk and drink. Day wet. Writing piece. Writing. I drank too much yesterday. Reading. I don't remember. I killed a crow with a bullet. Reading and writing Irish from manuscripts. Frost.'

resumed with 'An Ceathramhadh Caibidil: Abhráin Grádh' (i.e. the Fourth Chapter: Love Songs), which began:

Tar éis na h-abhráin-óil fiadháine mí-chúramacha spórtacha aéracha so do leughadh, is ceart caibidil chontrárdha dhóibh air fad do bheith 'gá leanamhaint. Ní mí-chúramach agus eudtrom amháin atá an nádúir Ghaodhalach . . .

After reading these wild, careless, sporting, airy drinking songs, it is right that a chapter entirely contrary to them should follow. Not careless and light-hearted alone is the Gaelic nature . . .

In the preface to *Abhráin Ghráda* (1893) Hyde addressed Dr George Sigerson, to whom he dedicated the collection, and explained one of the motives behind his labour:

Allow me to offer you this slight attempt on my part to do for Connacht what you yourself and the late John O'Daly, following in the footsteps of Edward Walsh, to some extent accomplished for Munster, more than thirty years ago. Since that attempt of yours, down to the present day, scarcely an effort has been made to preserve what you then felt to be one of the most valuable heritages of the Irish race — its Folk Songs.

He had written the series originally in Irish, 'but the exigencies of publication in a weekly newspaper necessitated the translation of it into English.' He added:

This I do not now wholly regret; for the literal translation of these songs will, I hope, be of some advantage to that at present increasing class of Irishmen who take a just pride in their native language, and to those foreigners who, great philologists and etymologists as they are, find themselves hampered in their pursuits through their unavoidable ignorance of the modern Irish idiom.[7]

Irish was, of course, his first priority. As Terence McCaughey has pointed out:

he was not really interested then (if he ever had been) in providing an Irish literature in English. He had done a lot of translation work by the time *The Love Songs of Connacht* appeared. However much he worked at his own translations or helped Yeats with his versions, or was aware of the effect that they were having on Yeats and others, for him they were only pointers to the original. (*Hibernia*, 26 April 1974).

---

7 *Abhráin Grádh Chúige Connacht or Love Songs of Connacht (Being the Fourth Chapter of the 'Songs of Connacht'), now for the first time Collected, Edited, and Translated* by Douglas Hyde, LL.D., M.R.I.A. (An Chraoibhín Aoibhinn) President of the Irish National Literary Society, Member of the Council of the Gaelic Union. Author of 'Leabhar Sgeuluigheachta'; 'Beside the Fire', etc. (Dublin & London, 1893) *v*.

In his original text Hyde relates in simple straight-forward Irish the stories behind the compositions; he explains the relationship between the poet and his patrons; he elucidates the nature of his artefacts, the condition and quality of his manuscript sources,[8] the circumstances of his own collecting, the problems of editing the material and his own approach to this task, and most importantly he illustrates the social and personal contexts out of which the songs were seen to emerge.

His forum being that of a newspaper he presented his texts in a manner suitable for his potential audience, and did not over-burden his readers with apparatus criticus or masses of minute textual appendages. Conscious of the work of precursors Seán Ó Dálaigh — for whom he expresses much admiration — and James Hardiman — the aims and subject-matter of whose *Minstrelsy* (1831) were very similar to his own '— he carefully avoids overlapping,[9] and frequently rather than full and complete versions gives extracts from the songs in the manner of a Literary Sampler, and thereby creates a pleasant, readable and instructive introduction to his subject well illustrated with approximately fifty texts.

In a celebrated lecture on 'Irish Folk-Poetry' delivered at University College, Dublin, in 1942 Professor Gerard Murphy enumerated some characteristics of this type of composition:

Irish folk-poetry is marvellously perfect, but it is not miraculously so: its perfection, in the line of thought, is a non-metaphysical, inelaborate perfection such perhaps as might be hoped in suitable circumstances to be in the power of Christian craftsmen and fishermen, farmers and farm-labourers all the world over; no miracle has made it so exceed the power of its causes as to merit comparison with what is deeply wise or mature in classical and modern poetry. Nevertheless its beauty is very real, and in certain ways peculiarly satisfying. It is indeed one of the last remnants in Europe of that

---

8   Ó Máille (1916) wrote: 'An té a chuireas roimhe sgéal nó laoi a tharraint as na láimhsgríbheanna a cuireadh le chéile sa naomhadh haois déag is doiligh dhó mórán slachta a chur ar a shaothar. Arae ní raibh éan am ariamh is lugha a raibh foghluim ag Gaedhil, go háithrid ag Gaedhil Chonnachta ná tús agus meadhon na naomhadh haoise déag. Agus is san am sin a sgríobhadh formhór de láimh-sgríbheanna amhrán Chearbhalláin mar foillseochar sa leabhar seo. (The person who proposes to take a story or a lay out of the manuscripts which were put together in the 19th century, it is difficult for him to achieve much polish or finish in his work. Indeed there never was a time when the Irish had less education, especially the Irish of Connacht, than at the beginning and middle of the 19th century. And it was at that time that most of the manuscripts of O'Carolan's songs, as published in this book, were written.), *op. cit.* ix.

9   He is anxious to point out in his Preface to *Abhráin Ghrádha* that his work is complementary to that of previous editors: 'I have, as you will see, carefully abstained from trenching upon anything ever before published, my object merely being to preserve what was in danger of speedy extinction.'

medieval beauty which, far from being divorced from everyday life, was essentially part of it. Their poetry, as it were, gives colour to the everyday prose of Irish country-people, and itself draws reality, naturalness and vigour from the everyday life in which it is rooted. There is therefore something strangely strong about it as compared with the less substantial beauty of the poetry of a literary elite such as we are accustomed to to-day.[10]

Recalling 'that tradition of acoustic craftsmanship' which is such a marked feature of these poems, 'the perfectly-chosen, precisely-used words that grow or flower, as it were, into the metrical pattern of internal rimes . . . and end rimes . . . without strain or distortion,' Murphy reminds his audience that 'most Irish folk-poetry has been made to be sung.' He also refers to the prevalence of 'those phrases which represent the special genius of a language, and which therefore baffle the translator.' Hyde's published views on this problem were pessimistic in 1888 when he wrote in *The Gael:* 'Any attempt at translation so as to give the tone or keep the spirit of the original, would be at once disheartening and impossible.[11] In the same year he reviewed the anthology *Irish Minstrelsy*, selected by Herbert H. Sparling, and stated:

The truth is that Gaelic songs mostly depend for their effect upon the alliteration and collocation of words, and that this effect is wholly and of necessity lost in any and every attempt to transfer them into another language, so that what in Irish are the most gorgeous and decorative verses imaginable, may become in English poor and bald; while, on the other hand, what in Irish is jejune enough, may become positively glittering with beauty in the hand of a true poetical translator. (*The Irish Monthly*, 177).

In the Preface to his collection of folkstories *Beside the Fire* (1890) he wrote in a more sanguine vein:

It is not very easy to make a good translation from Irish into English, for there are no two Aryan languages more opposed to each other in spirit and idiom. Still, the English spoken by three-fourths of the people of Ireland is largely influenced by Gaelic idioms, for most of those expressions which surprise Englishmen are really translations from that Irish which was the language of the speaker's father, grandfather, or great-grandfather — according to the part of the country you may be in — and there have perpetuated themselves, even in districts where you will scarce find a trace of an Irish word. There are, however, also hundreds of Gaelic idioms not reproduced in the English spoken by the people, and it is difficult to render these fitly.

In the course of his Inaugural Address, 'The Last Three Centuries of Gaelic Literature', delivered before the Irish Literary Society of

---

10 *Glimpses of Gaelic Ireland* (Dublin 1948), 30-31.

11 'Some Words about Unpublished Literature' *The Gael*, 7 January 1888.

London for the Session 1894-95, he described the Song Poetry as 'the most sensuous attempt to convey music in words ever made by man' and added : 'It is absolutely impossible to convey the lusciousness of sound, richness of rhythm, and perfection of harmony in another language.' Speaking of 'what is literature in the best sense of the word' he stated:

That can never be adequately translated at all. If you once realise the fact that thought and language act and react upon one another, that the instrument determines the work, that things can be done in one language that cannot be done in another, then you will understand that an acquaintance with Irish literature had best be made — in fact must be made — at the fountain head of the original.

In *Abhráin Ghrádha* Hyde tackled the problem on two fronts by providing both a literal-idiomatic translation and, in many cases, a verse adaptation in which he endeavoured 'to reproduce the vowel-rhymes as well as the exact metres of the originals. This may give English readers, if the book ever fall into the hands of any such, some idea of the more ordinary and less intricate metres of the people, and of the system of Irish interlineal rhyming, though I fear that the unaccustomed ear will miss most of it.' His 'rugged' and 'courageous' prose (his terms) attracted much attention and admiration. Writing in *Samhain* 1902 on 'the prose narrative that flows about his *Love Songs of Connaught*', W.B. Yeats enthused:

The prose parts of that book were to me, as they were to many others, the coming of a new power into literature. I find myself now, as I found myself then, grudging to propaganda, to scholarship, to oratory, however necessary, a genius which might in modern Irish or in that idiom of the English-speaking country people discover a new region for the mind to wander in.[12]

Praising the 'loving and leisurely' translations of the poems in *Abhráin Ghrádha* and the stories in *Beside the Fire* (1890), Yeats proffered this advice to his colleague:

Above all I would have him keep to that English idiom of the Irish-thinking people of the west . . . It is the only good English spoken by any large number of Irish people to-day, and one must found good literature on a living speech . . . that idiom of the poor, which mingles so much of the same vocabulary (of standard/Bible English) with turns of phrase that have come out of Gaelic.

---

12   In a special Preface to an English language edition published in 1904 Yeats wrote: 'Dr Hyde's prose translations, printed at the end of this book, are I think even better than his verse ones; for even he cannot always escape from the influence of his predecessors when he rhymes in English. His imagination is indeed at its best only when he writes in Irish or in that beautiful English of the country people who remember too much Irish to talk like a newspaper, and I commend his prose comments on the poems to all who can delight in fine prose'.

Since the time of Charlotte Brooke's *Reliques of Irish Poetry* (1789) a variety of scholars and poets have essayed into the domain of translation 'from the Irish' with various degrees of failure and success. The works of Jeremiah J. Callanan (1795-1829), James C. Mangan (1803-1849), Edward Walsh (1805-1850), Samuel Ferguson (1810-1886) and George Sigerson (1836-1925) are well known. Unlike most of his predecessors Hyde placed primary emphasis on clarity of meaning, on rescuing the elements of the original in as complete a manner as possible. Thus, without straining after a literary effect, he achieved, in some of the verse and in many of the prose recreations, a fine poetic balance between a refined academic rendition, a popular folksy stage-Irishry and what Synge called the 'worthless tawdry commonplace jingle'[13] of previous 19th century translators.

Lady Gregory, like Synge, was deeply impressed and influenced by the quality, revelation and authenticity of Hyde's work. 'Fine as are some of the translations of Callinan, Walsh, Ferguson, and, above all, Mangan', she remarked, 'they have lost so much of the folk quality in the change of language that they hardly give the impression of having come straight from peasant lips'.[14] In her 'West Irish Ballads' she wrote:

It was only a few years ago, when Douglas Hyde published his literal translations of Connacht Love Songs, that I realized that, while I had thought poetry was all but dead in Ireland, the people about me had been keeping up the lyrical tradition that existed in Ireland before Chaucer lived . . ..
'Eyes have we, but we see not; ears have we, but we do not understand.' It does not comfort me to think how many besides myself, having spent a lifetime in Ireland, must make this confession.[15]

In his book on the Anglo-Irish literary revival Richard Fallis recounts that 'the encounter with the Gaelic tradition was the first great discovery' of the movement — 'many of the writers described the encounter almost as though it were a religious conversion.' He depicts the linguistic and literary resources available to the Anglo-Irish writer in late 19th-century Ireland as follows:

Their literary inheritance was an extraordinarily rich one involving two different literatures in two different languages: Gaelic and English. The

---

13 *Collected Works*: Prose ed. Alan Price (Oxford 1966), 371.

14 *Poets and Dreamers* (Gerrard's Cross 1974), 251.

15 *Idem* 43. She was later to assist Hyde in his collecting of traditional lore. In a letter in which she refers to a week-long visit he made to her family in the Christmas season 1898, she remarked: 'I captured old men with songs and stories for him to interview in the evenings.' (*Seventy Years 1852-1922*, 319).

Gaelic heritage went back more than twelve centuries and included everything from ancient sagas, tales, and poems to the folklore which was still current in the west of Ireland. The English or Anglo-Irish inheritance went back only about two centuries, and in quality it was much inferior to the Gaelic.[16]

Part of Hyde's function was to bridge the chasm between the two inheritances and his seminal influence on the course of modern Anglo-Irish prose, poetry and drama has been noted by several commentators. He himself, recognising the essential importance of the Irish language in the rejuvenation and growth of a unique and independently-minded Irish community, dedicated his life to the reclamation and restoration of the language to the hearts and tongues of the people as a surety of their distinctiveness and a symbol of their intellectual and imaginative liberation.

Songs of Connacht

Busy with other schemes and other duties Hyde never completed his massive project on the Songs. Draft versions of some of the remaining chapters lie among his papers in the National Library of Ireland.[17] These include a fine lecture on the Drinking Songs,[18] which he delivered on a number of occasions, and in which he describes in detail how to manufacture the illegal folk-drink known as *poitín*! He had, however, accomplished a great deal. Rev. James Keegan writing in *The Nation* in June 1890 declared:

Those articles in *The Nation* by Mr Douglas Hyde on the popular poetry of Connacht, with their gems of supreme song, are a possession for ever. If Mr Hyde did nothing else, that alone would entitle him to a niche in our Hibernian temple of fame. I hope that others will join in and help him with that good work. (14.6.1890).

Other scholars did indeed join in and continued the 'good work.' The many published collections now available, both of anonymous folksongs and of the compositions of known poets such as those referred to in the following chapters, are happy evidence of the triumph of Hyde's pioneering encouragement, insights and example. The wealth of material already collected and the health of the living folksong tradition in the Gaeltacht to-day ensure that the scholars will still be gainfully employed far into the next century.

---

16   *The Irish Renaissance* Richard Fallis (Syracuse 1977), 30.

17   e.g. Ms. 21, 105-21, 117.

18   G 1083 (1).

Editing

In deference to the modern reader a number of reforms have been implemented in the Irish text. The Roman replaces the 'Gaelic' typeface and the punctuation clarified. The orthography has in the main been modernised/standardised and brought to some level of consistency, and the numerous typographical errors hopefully eliminated. To avoid evisceration, however, some of the older/dialect forms are retained, principally in the song-texts in the interests of sound pattern and rhythm. A number of typical features such as Dative Singular Feminine, Dative Plural, and Relative forms of the verb have also in the majority of cases been retained. The foot-notes remain as originally printed, with editor's notes in italics. The following examples illustrate the main emendations:

(a) budh > ba, claoidh > cloí, crothughadh > cruthú, chualaidh > chuala, d'fhágbhuigh > d'fhága, dligheadh > dlí, éuloghadh > éaló, facaidh > faca, luaidheadh > lua, píopaidh > píopaí, triomhadh > tríú;

(b) baintreabhach > baintreach, bheidheadh > bheadh, bhéidhinn > bheinn, bídhim > bím, dearbhráthair > deartháin, déighionach > déanach, dosgamhach > doscaíoch, éireóchadh > éireodh, marbhuigheadh > maraíodh, tighearna > tiarna, úghaim > úim;

(c) bhlasfadh > bhlaisfeadh, cliútach > clúiteach, connlach > coinleach, córughadh > cóiriú, folán > folláin, fuaras > fuaireas, gruag > gruaig, múnadh > múineadh, ólfamaoid > ólfaimid, pléusúr > pléisiúr, scap > scaip, seod > seoid, Seórsa > Seoirse, sgríobhnóir > scríbhneoir, spaisdeóracht > spaisteoireacht, taisbéant > taispeáint;

(d) acht > ach, andé > inné, ann > in, bráigh > bráid, ceudna > céanna, chum > chun, cia/cidh > cé, clúdhamhla > clúmhaile, congbhuigh > coinnigh, congnamh > cúnamh, chonnairc > chonaic, chonncamar > chonaiceamar, créud > céard, dithfir > difear, easbal > aspal, easbhuidh > easpa, gardha > garraí, re > le, roimh-rádh > réamhrá, shaoil > shíl, talmhan > talún;

(e) buaidhreadh > buaireamh, buinneán > bonnán, cathadh > caitheamh, comhanra > cónra, cróin > coróin, dhóibh > dóibh, fághaim > faighim, fóghluim > foghlaim, forsadh > fuirseadh, leithead > leithéid, orra > orthu, sgín > scian, tiubhraidh > tabharfaidh;

(f) anamh > annamh, biotáile > biotáille, críona > críonna, daonacht > daonnacht.

(g) aorach > aerach, bonn > bun, éigin > éigean, 'san Ms > sa ls., umhal > iúl.

In cases where a disparity occurs vis-a-vis the arrangement of the verse or prose original and the translation (e.g. 4 October 1890; 17, 24 May 1890), the sequence of the Irish version is followed.

16

Bibliography*

Much valuable research has been done on the Irish song-poetry tradition in recent years. Aspects of the general background are discussed in *Irish Folk Music and Song*, Donal O'Sullivan (Dublin 1952, revised 1961); *Folk Music and Dances of Ireland*, Breandán Breathnach (Dublin 1971, 1977); *The Irish Song Tradition*, Seán O'Boyle (Dublin, 1976); *Traditional Music in Ireland*, Tomás Ó Canainn (London Boston 1978); the major task of cataloguing has been initiated in *Clár Amhráin an Achréidh*, Proinnsias Ní Dhorchaí (Dublin 1974); and *Clár Amhráin Bhaile na hInse* Ríonach Ní Fhlathartaigh (Dublin 1976); thematic studies such as *An Grá in Amhráin na nDaoine*, Seán Ó Tuama (1960); *Gnéithe den Chaointeoireacht*, Breandán Ó Madagáin (1978); and analyses of individual poems have appeared — e.g. *Dónall Óg*, Seosamh Ó Duibhghinn (1960); *Caoineadh Airt Uí Laoire*, Seán Ó Tuama (1961); *Cúirt an Mheon-Oíche*, Liam Ó Murchú (1982); *Caoineadh na dTrí Muire*, Angela Partridge (1983). Many of the published collections now include both words and music, and recorded versions[19] of traditional songs are readily available on the *Gael-Linn, Ceirníní Cladaigh, Comhaltas Ceoltóirí Éireann, Topic, Tradition* and other labels. The following selection lists (*a*) works which provide both lyrics and musical notation and (*b*) anthologies of the compositions of Connacht poets and of some others mentioned in Hyde's text.

(*a*)

Breathnach, an tAthair Pádraig	*Fuínn na Smól* (1913),
	Ár gCeol Féinig (1920),
	Ceol Ár Sinsear (1934),
	Sídh-Cheol (1924-6).
Ceol: A Journal of Irish Music	(1963-).
Costello, Mrs Eibhlín	*Amhráin Mhuighe Seóla* (1919)
Cuisle an Cheoil	An Roinn Oideachais (1976)
de Noraidh, Liam	*Ceol ón Mumhain* (1965)
Éigse Cheol Tíre	*vid. Irish Folk Music Studies*

---

19 *Vid.* 'A Discography of Irish Traditional Music', Nicholas Carolan, *Ceol* (April 1984) VI, 2; 'Gaelic Folk Song', Alan Bruford, Virginia Blankenhorn, *Folk Review* (Cheshire, England), March 1979. 'A Discography of Irish Song',. Seán Ó Drisceoil, *Treoir* Iml. 6 Uimh. 3 (1974) 24-26).

*All Dublin imprints unless otherwise stated. *Vid.* also *A Short Bibliography of Irish Folk Song* Hugh Shields (1985).

Finghin na Leamhna	*Amhráin na nGleann* (1939), *Cosa Buidhe Árda* (1922-3)
Hannagan, Margaret & Clandillon, Séamus	*Londubh an Chairn* (Oxford 1927)
Irish Folk Music Studies	(1972-)
Journal of the Irish Folksong Society	(London 1904-)
Mac Ruaidhrí, B. et al.	*Cláirseach na nGaedheal* (1901-07)
Mac Seáin, Pádraig	*Ceolta Theilinn* (Belfast 1973)
Muireadhach Méith	*Amhráin Chúige Uladh* (new edition 1977)
Ó Baoighill, Seán et al.	*Cnuasacht de Cheoltaí Uladh* (1969)
Ó Baoill, Seán Óg agus Mánus	*Ceolta Gael* (Mercier 1975)
Ó Foghludha, Mícheál	*Cuisle Ceoil* (1924)
Ó hEidhin, Mícheál	*Cas Amhrán* (Cló Chois Farraige, 1975)
Ó hUrmoltaigh, Nollaig	*Ceolta Uladh* (Belfast 1973-5)
Ó Lochlainn, Colm	*An Claisceadal* (1930-40)
O'Sullivan, Donal & Ó Súilleabháin, Mícheál	*Bunting's Ancient Music of Ireland* (Cork 1983)
O'Sullivan, Donal	*Carolan: The Life Times and Music of an Irish Harper* (London 1958)
O'Sullivan, Donal	*Songs of the Irish* (1960)
Ó Tuama, Seán Óg	*An Chóisir Cheoil* (1952-9)

(b)

de Bhailís, Colm	*Amhráin Chuilm de Bhailís* (1904)
de Rís, Seán	*Peadar Ó Doirnín: a bheatha agus a shaothar* (1969)
Fiachra Éilgeach	*vid.* Ó Foghlú
An Gruagach Bán	*An Fíbín* (1905)
Nic Philibín, Mairghréad	*Na Caisidigh agus a gCuid Filidheachta* (1938)
Ó Buachalla, Breandán	*Cathal Buí Mac Giolla Ghunna: Amhráin* (1975)

Ó Buachalla, Breandán	*Peadar Ó Doirnín: Amhráin* (1969)
Ó Ceallaigh, Seán	*Filíocht na gCallanán* (1967)
Ó Ceallaigh, an tAthair Tomás	*Ceol na nOileán* (1931)
Ó Concheanainn, Tomás	*Nua-Dhuanaire III* (1981)
Ó Domhnalláin, Pádhraic	*Tacar Amhrán* (1925)
Ó Foghlú, Risteárd	*Éigse na Máighe* (1978)
Ó Gallchobhair, Mícheál	*Amhráin Ó Iorrus (Béaloideas 1940, 1943)*
Ó Máille, Mícheál agus Tomás	*Amhráin Chlainne Gaedheal* (1904)
Ó Máille, Tomás	*Amhráin Chearbhalláin* (ITS, 1916)
Ó Máille, Tomás	*Mícheál Mhac Suibhne agus Filidh an tSléibhe* (1934)
Ó Muirgheasa, Énrí	*Céad de Cheoltaibh Uladh* (1915)
Ó Muirgheasa, Énrí	*Dhá Chéad de Cheoltaibh Uladh* (1934, 1969)
O'Rourke, Brian	*Blas Meala: A Sip from the Honey-Pot* (1985), with two cassettes.
Ó Tiománuidhe, Micheál	*Abhráin Ghaedhilge an Iarthair* (1906)
Williams, Nicholas	*Riocard Bairéad: Amhráin* (1978)

BREANDÁN Ó CONAIRE

Ó Cearbhalláin

17.5.1890 Ní raibh ariamh an oiread bard agus file i Connachtaibh agus do bhí i gCúige Mumhan, agus d'éag siad nó d'imigh siad ónár measc i bhfad níos luaithe. Agus, chuir leis sin, níor cuireadh ar pháipéar an chuid ba mhó dá n-amhránaibh agus dá ndántaibh, agus nuair thosaigh Ó hArgadáin (nó Hardiman) agus daoine eile a chuir suim ins na nithibh sin, bardacht na bhfile Connachtach do chruinniú, bhí sé ró-mhall, agus bhí an chuid ba mhó de dhántaibh Uí Chearbhalláin, Chathail Mhic Chába, agus na mbard eile, caillte agus imithe ó chuimhne na ndaoine.

Nuair a scríobh Eadbhard Ó Raghallaigh a leabhar cúramach ar na scríbhneoirí Éireannacha a scríobh i nGaeilge, san mbliain 1820, deir sé i dtaobh Uí Chearbhalláin go raibh na céadta duine beo dá fhichid bliain roimh an am sin i gContae na Mí, a d'fhéadfadh amhráin Uí Chearbhalláin gan áireamh do ghabháil nó do rá de ghlanmheabhair, ach deir sé go raibh na daoine sin imithe san am a raibh seisean ag scríobh, agus go mba deacair dó a chuid amhrán a chruinniú anois, agus taispeánann sé féin gur deacair, mar nach dtugann sé dúinn ach ainmneacha[1] ceithre amhrán ar fhichid. Deir Ó hArgadáin ina leabhar-san go ndearna an Cearbhallánach timpeall dá chéad port lena linn, agus gur chum sé amhráin leis an gcuid ba mhó acu, ach go raibh an leath acu caillte. Do chlóbhuail seisean cúig amhráin ar fhichid acu.

Fuair mé go déanach scríbhinn i mBéarla agus i nGaeilge, a raibh cuid d'amhránaibh an Chearbhallánaigh inti, agus fós, ní raibh an chuid is mó dá bhfuil ann i gcló ariamh. Ach b'olc an scríbhneoir an fear a chuir ar pháipéar iad, agus b'an-bheag an t-eolas a bhí aige ar an nGaeilge nó ar Bhéarla. Tá siad scríofa ar dhuilleogaibh beaga de shean-pháipéar donn, den chineál do bhí á chleachtadh trí fichid nó ceithre fichid bliain ó shin, agus measaim gurb é sin an t-am ar scríobhadh iad. Is follasach é gur ó bhéal na ndaoine do ghlac an scríbhneoir na hamhráin seo, mar is ioma bearna agus briseadh atá iontu, agus bíonn focal nó dó den iomarca i gcuid mhóir de na líntibh.

Tá amhráin eile le húdaraibh eile insan scríbhinn seo, agus tá nótaí gearra faoi bhun na coda is mó acu, ag cur in iúl dúinn an t-am ar ndearnadh gach amhrán acu, agus an t-ábhar fár ndearnadh iad.

Níl aon eolas agam ar an té a chruinnigh na hamhráin seo agus

1 *'Anmanna' sa téacs.*

CHAPTER I

O'Carolan

There never were so many poets and bards in Connacht as there were   *17.5.1890*
in Munster, and they died out or departed from amongst us far sooner.
And in addition to this the greater number of their songs and poems
were never put on paper, and when O'Hargadan or Hardiman and
other people who cared for such things began at last to collect the
bardism of the Connacht poets, it was too late, and the greater portion
of O'Carolan's songs and those of Cathal MacCabe and the other
bards were lost and gone from the people's recollection.

When Edward O'Reilly, in the year 1820, wrote his careful book
about the Irish writers who composed in Gaelic, he says, talking about
Carolan, that forty years before that time there were in the county
of Meath hundreds of people alive who were able to sing or repeat
by heart songs beyond counting of Carolan's, but he adds that those
people had gone at the time when he himself was writing, and that
it was difficult for him to collect his songs now; and he shows himself
that it was difficult, for he only gives us the names of twenty-four
songs. Hardiman says in his book that Carolan composed about two
hundred tunes in his day, and that with the most of them he composed
songs also, but that the bulk of them were lost. He printed twenty-
five of them.

I myself got lately a manuscript in English and Irish, in which
were some of Carolan's songs, and, moreover, the most of those songs
that are in it were never in print. But the man who committed them
to paper was a bad scribe, and very small was the knowledge he had
of Irish or of English. They are written on small leaves of old, brown-
coloured paper, of the kind that used to be in use about sixty or eighty
years ago, and I think that was the time that they were written. It
is evident that the writer took these songs from the mouths of the
people, for many is the gap and break in them, and in many of the
lines there is a word or two too many.

There are other songs by other authors in this manuscript, and
there are short notes at the bottom of most of them, explaining to
us the time at which each song was composed and the occasion of
composing it.

I have no knowledge of who the person was who wrote these songs
down, and first put them on paper, but I have a suspicion that he

a chuir ar pháipéar i dtosach iad, ach tá tuairim agam go mba fear bocht é, sórt baird é féin, darbh ainm Tráchlas nó Theophilus Ó Floinn, a bhíodh ag dul ó theach go teach ar feadh Connacht agus ag gabháil amhrán (na hamhráin ba mheasa dá ndearnadh i nGaeilge ariamh) do na daoine móra. Tá cuid de phíosaibh leis an bhFloinneach so agam, agus is iad atá olc! Ní thuigfeadh duine go ceart an moladh ba chóir a thabhairt don Chearbhallánach nó go léifeadh sé an rámás do chuir Tráchlas Ó Floinn le chéile, agus ar a dtug sé 'Filíocht'.

Cé nach fiú mór-chuid de na píosaibh atá agam ar na duilleogaibh seo a chur[2] i gcló, tá cuid eile acu ar shíl mé gur trua é iad a d'fhágáil ag críonadh ar an tsean-pháipéar gan sampla nó dhó do thabhairt do na daoine ag a mbíonn spéis in amhránaibh Gaeilge, agus ar an ábhar sin chuaigh mé tríothu go cúramach, ag piocadh amach astu na nithe do b'fhearr mar mheas mé, agus cuid de na scéaltaibh mar an gcéanna, le scéaltaibh eile a fuair mé féin imeasc na seandaoine i gConnachtaibh, agus bheirim anso iad. Is éigean dom mórán de na líntibh do cheartú, focal d'fhágáil amuigh insan áit seo nó focal do chur isteach insan áit eile, agus scríbhneoireacht na bhfocal d'athrú, óir muna ndéanfainn sin níorbh fhiú a gcur i gcló iad, bheadh siad chomh garbh agus chomh do-léite sin. Scríobhann sé, mar shampla, 'thainic mé' in áit 'chonnairc mé', óir is mar sin labhartar é i gConnachtaibh, agus 'ionsa' in áit 'ann-san', 'ionna' in áit 'chum an', 7rl. Seo amhrán milis a rinne an Cearbhallánach ar ógmhnaoi uasail ó Chúige Mumhan a tháinig ar cuairt go Cúige Laighean agus a bhí i dteach in aice le habhainn na Bóinne. Bhí an bhean uasal so Beití Ní Bhriain, gaolach le Ó Briain, ceann na mBrianach uile, agus bhí sí d'fhuil ríogúil chlainne Carthaigh mar an gcéanna, agus chuir leis sin, do bhí sí féin an-sciamhach. Chuala an bard a ghiolla féin ag trácht uirthi agus ba mhian leis a feicsint, agus tamall 'na dhiaidh sin fuair sé cuireadh uaithi féin, agus mar nach raibh aon dream daoine do b'fhearr leis bheith á moladh ná na daoine uaisle den tseanfhuil Ghaelaigh, do chum sé na línte seo uirthi, agus mar nach raibh siad ariamh i gcló, agus mar is rud deacair nó do-dhéanta a bhfáil, shíl mé gurbh fhiú a dtabhairt.

Beití Ní Bhriain

Tá stáidbhean Mumhan
Láimh le Buain (Bóinn)
  Mar deir gach eolaí sár-mhaith,
'Sí Beití Ní Bhriain í,
  Ainnir na gciabh í
  Cailín is sciamhaí gáire.
Cá fiú mé bheith beo,

2 'gcur' sa téacs.

22

was a poor man — a sort of bard himself — of the name of Thrauchlas or Theophilus O'Flynn, who used to be going from house to house throughout Connacht and singing songs — the worst songs that were ever made in Irish — for the gentry. I have some of the pieces of this O'Flynn, and it is they that are bad. A person would scarcely understand the praise that ought to be given to Carolan until he reads the trash that Theophilus O'Flynn put together and called 'poetry.'

Although a great many of the pieces which I have in these sheets are not worth putting in print, there are others of them which I thought it a pity to leave decaying on the old paper, without laying a specimen or two of them before those who care for Irish songs, and on this account I went through them carefully, picking out from amongst them the pieces that I thought were best, and some of the anecdotes as well, together with stories I got myself amongst the old people in Connacht, and I proceed to give them in these papers. It is necessary for me to correct many of the lines, to leave out a word in one place or put it in another place, and to change the writing of the words, for if I did not do so, they would not be worth printing, they would be so rugged and so hard to read. The scribe writes, for example, *thainic mé* in place of *chonnairc mé*, for that is how the Irish for 'I saw' is pronounced in central Connacht, and *ionsa* for *annsan*, *iona* for *chum an*, &c. Here is a sweet song which Carolan composed for a young gentlewoman from the Province of Munster who came to Leinster on a visit, and who was residing in a house near the River Boyne. This lady, Betty O'Brian, was related to O'Brian, the head of all the Brians, and she was also of the royal blood of Clann Carthy, and besides this she was herself very handsome. The bard heard his own servant talking about her, and he wished to go see her. Some time after that, he got an invitation from herself to go see her, and as there were no people whom he was more glad to belaud than the gentry of the old Gaelic blood, he composed these lines about her, and as they were never in print, and as it is hard or impossible to get them, I thought it worth while to give them here:

Betty O'Brian

There is a stately woman of Munster,
Nigh unto the Boyne,
   As each good learned-man says,
She is Betty O'Brian,
The maiden of the locks,
   The girl of most lovely laugh,
How is it worth while for me to be alive

Muna bhfaighidh mé póg
Óna béal mar rós i ngairdín.
Dearbhaím féin duit
Dá mbeadh sí san Éigipt
Go rachainn ag féachaint a háille.

Ciúinbhean ghrianmhar dhealmhar (?)
Siúr Uí Bhriain 's Mhic Charthaigh
An té shuífeadh lena taobh
Is a phógfadh a béal
Do b'fhogas dó saol is sláinte.
Do chuir mé dúil
I gcúl na lúb
Ler chailleas mo lúth 's mo shláinte,
Codladh na hoíche
Ní fhaighim dá díth
Gan bheith go síoraí láimh léi.

A Bheití na gciúin-rosc
A mhearaigh gach cúige
A bhfuil na mílte i ngrá leat,
Saibhreas na Gréige
Ní ghlacfainn ar aon chor
Dá bhfaighinn-se mar roghain leat bheith dáltach,
A phlanda den fhíor-fhuil,
'S a shiúir na ríogh,
A bhfuil an saol i ngean is i ngrá leat,
Gur samhail thú de Dheirdre,
A chumainn ban Éireann
A lile thug bua ar áille.

A shiúir na rún
Ná déan-sa súd
'S le claon do shúil' tabhair spás dom,
Coinnigh ón éag mé
Bíodh agat féin mé
Agus bead go soilbhir sásta
Contae Liathdroim fháilteach, Sligeach,
Agus Anntroim lán-cheart,
Póg do bhéil
Go mb'aite liom féin
Ná súd go léir, agus faighim é.

24.5.1890 An chéad amhrán eile a bhéarfas mé anois, is é an Ceann Dubh Dílis,
amhrán clúmhail agus amhrán álainn. Tá an dá chéad rann de le fáil

24

Unless I shall get a kiss
  From her mouth (which is) like a rose in a garden?
I myself assert it to you
That if she were in Egypt
  I would go to look at her beauty.

The mild woman, sunny, shapely,
  The sister of O'Brian and MacCarthy,
Whosoever would sit by her side
And would kiss her mouth,
  Life and health were near to him.
I placed delight
In the back (head) of ringlets,
  By which I have lost activity and health.
Sleep in the night
I do not get for want of her,
Without my being constantly near her.

Oh, Betty of the mild eyes,
Who hast led astray every province,
  You, with whom the thousands are in love,
The riches of Greece
I would not accept at all
  If I got my choice of being betrothed to you,
Oh, plant of the true blood
And sister of kings,
  With whom the world is in love and affection,
How you are like to Deirdre,
Oh, darling of the women of Erin,
  Oh, lily, who won the victory for loveliness,

Oh, sister of the secret (love)
Do not do that,
  But with the inclining of your eye give me relief,
Keep me from the death,
Let you yourself have me,
 And I shall be merry and pleased.
The county of Leitrim of the welcomes, Sligo,
  And full-right Antrim —
A kiss of your mouth,
Sure it were dearer to myself
  Than all that put together and let me get it
    (i.e., if I were to get it).

The next song that I shall give is the Cann Dhu Dheelish (Darling   24.5.1890
Black Head), a celebrated and a beautiful one. The first two verses

25

i leabhar Uí hArgadáin, ach ní hionann iad agus na ceathrúna atá agam-sa, agus cé go bhfuil nóta fada aige ar an amhrán so, níl aon fhocal aige ar an té a rinne é, nó ar ábhar a dhéanta, nó ar a aois. Ar an ábhar sin, sílim gur fiú dom an scéal d'insint anso mar fuair mise in mo shean-scríbhinn é, agus na ceathrúna uile do scríobh amach, mar nach raibh siad i gcló ariamh roimhe seo.

Do thug fear de mhuintir Chonchúir as Baile an Tobair Uí Chonchúir grá mór dá chol-ceathar féin, .i. Neilí Ní Chonchúir, iníon seanDinis Uí Chonchúir i mBéal Átha na Gártha, agus Mháire Ní Ruairc, ó bhí sí ina páiste óg, ach níor leig sé air go dtug sé an grá so di, agus ní raibh fhios ag an gcailín féin. Nuair thug an Cearbhallánach faoi deara go raibh sé chomh mór sin i ngrá léi, do chum sé (deir mo scríbhinn) an Ceann Dubh Dílis, agus do mhúin sé dó é, agus is ag moladh Neilí Ní Chonchúir do bhí sé, nuair chum sé an t-amhrán. Mar bhí guth maith ag an gConchúrach óg do bhíodh sé i gcónaí ag gabháil an amhráin seo i bhfianaise na mná óige, nó go dtug sí faoi deara gur i ngrá léi féin do bhí sé. Chuaigh Ó Cearbhalláin eatarthu ansin, agus bhí an oiread cumhachta aige ar Mháire Ní Ruairc, máthair Neií, gur leig sí dóibh bheith pósta os íseal, gan fhios don athair. Bhí siad mar sin le trí blianaibh sula fuair an t-athair amach é, agus rug Ó Conchúir a bhean abhaile leis go Baile an Tobair ina dhiaidh sin, agus bhí triúr clainne acu ansin, ach ní raibh sé i bhfad beo. Bhí sise ina baintrigh ansin le tamall fada, ach phós sí faoi dheireadh Cathal Mac Diarmada Rua agus bhí seisear clainne, triúr mac and triúr iníon, aici. Fuair seisean bás mar a gcéanna, agus bháin deartháir a fir féin a bhí ina fhear dlí agus ina chomhairleach, an chuid ba mhó dá saibhreas di, agus fágadh í bocht go leor, agus b'éigean di dul ar ais chun a muintir féin in áit a mhair sí le mórán bliain ina dhiaidh sin. Sin an scéal, agus seo an t-amhrán anois. Ní hé (mar dúirt mé) an t-amhrán céanna atá i leabhar Uí hArgadáin, is mar so atá an chéad véarsa insan leabhar sin:

A cheinn dhuib dhílis dhílis dhílis
   Cuir do lámh mhín-gheal thorm anall,
A bhéilín meala bhfuil boladh na tíme air,
   Is duine gan chroidhe nach dtiúbhradh dhuit grádh.

Ach seo é mar fuair mise é:

Ceann Dubh Dílis[3]

Ceann dubh, ceann dubh, ceann dubh dílis!
   Corraigh ceann dílis orm anall,
Ceann dubh dílis a mheallas na daoine
   Is duine gan chroí nach dtabharfadh dhuit grá.

3 'díleas sa téacs tríd síos.

of it are to be found in Hardiman's volume, but they are not the same as the quatrains that I have, and although he has a long note upon the song, he says not a word about him who wrote it, or the occasion of its composing, or about its age. For this reason I think it is worth while to tell here the story as I found it in my old manuscript, and to write out the other verses, as they never were in print before.

A man of the race of O'Conor, from Ballintubber of the O'Conor, conceived a great affection for his own cousin (that was Nelly O'Conor, a daughter of old Denis O'Conor, of Balinagar, and of Mary O'Rorke), from the time that she was a young child, but he never let on (pretended) that he gave her this love, and nobody knew it except the Carolan only, for the girl herself did not know.

When Carolan perceived that he was so greatly in love with her, he composed, according to my manuscript, the Cann Dhu Deelish, and taught it to him, and it was belauding Nelly O'Conor he was, when he composed the song. As the young Conor (i.e., O'Conor) had a good voice he used to be constantly singing this song in the presence of the young woman until she perceived that it was in love with herself he was. O'Carolan went between them then; and he had so much influence over Mary O'Rorke, Nelly's mother, that she allowed them to be married privately without the father's knowing it. They were thus for three years before the father found it out, and afterwards O'Conor brought his wife home with him to Ballintubber, and they had three children there, but he did not survive long himself. She was a widow then for a long time, but afterwards she married Charles MacDermott Roe, and had three sons and three daughters. He also died, and her own husband's brother, who was a lawyer and a counsellor, took the greater share of her wealth from her, and she was left poor enough, so that she was obliged to go back to her own people, where she lived for many years afterwards. That is the story, and here now is the song. As I said, it is not the same song that is in Hardiman's volume; here is how the first verse runs in that book:

Oh, darling, darling, darling, black head,
Put your smooth, white hand over across me;
Oh, mouth of honey on which is the scent of the thyme;
He is a man without a heart would not give thee love.

But here is how I found the song:

Cann Dhu Deelish

Black head, black head, darling black head,
Move black head over on me,
Darling black head, which deceives the people,
He's a man without heart would not give thee love.

27

Ar an gcéad amharc do chonairc mé riamh ort
Chríonaigh mo chroí féin istigh in mo lár,
Do bhéal tana meala bhfuil boladh na taoim' air,
Ag baint na sú-chraobh amuigh insan lá.

Ceann dubh dílis 7rl.

Ar drúcht na maidne le héirí na gréine,
Casadh orm mo chéad-searc agam san ród,
Do dhruid mé féin léithi go mblasfainn dá béal binn,
Agus d'imigh sí i bhféin (*sic*) uaim, 's ní fheicfead í níos mó.

Ceann dubh dílis 7rl.

'Sí banríon Chonnacht Miss Neilí an déid ghil,
'Sí ba deise 's b'fhearr méin mhaith dá bhfacas de mhnáibh,
Bhí a taobh mar an eala 's a rosc mar an bhféar glas,
'S a grua mar na caorthaibh ar éirí den lá.

Ceann dubh dílis 7rl.

Má thréigeann tú mise do rachfad i bhféin (*sic*) as,
Talamh na hEireann ní fheicfead níos mó,
Thug mé searc duit-se mar thug Naoise do Dheirdre,
Ar ar cailleadh na céadta 'g Craoibh Ruaidh na slógh.

Corraigh ceann, corraigh ceann, corraigh ceann dílis,
Corraigh ceann dílis orm anall,
An ceann dubh dílis a mheallas na daoine,
Is duine gan chroí nach dtabharfadh dhuit grá.

31.5.1890 Ní mheasaim gur ceart an 'corraigh ceann' so, b'fhéidir gurb é 'cuir
a ceann' .i. ceann na mná óige ba cheart a bheith ann, agus go raibh
seisean ag labhairt lena mháthair nó leis féin, agus shílfeadh duine
go mba chóir don chéad líne bheith mar tá sé ag Ó hArgadáin, 'A
chinn dhuibh dhílis', ach ní mar sin a chuala mise ariamh imeasc
na ndaoine é. Ach is obair thirim é bheith ag scrúdú an ghraiméir
mar sin, agus ar an ábhar sin rithfidh mé thairis, go dtiocfaidh mé
chun an chéad dhéantúis eile is fiú liom choinneáil beo. Is é sin
'tuireamh', nó amhrán bróin, ar bhás Eoghain Ruaidh Uí Néill. Is
an-bheag de na caointibh seo a rinne an Cearbhallánach, mar b'fhearr
é ag moladh na mbeo ná ag caoineadh na marbh. Ach ba é Cathal
Ó Conchúir ó Bhéal Áth na Gártha d'iarr air, an t-am so, caoine do
dhéanamh ar bhás Eoghain. Fuair Eoghan bás san mbliain 1648, agus
do mhair Ó Cearbhalláin ón mbliain 1670 go 1738, agus ar an ábhar

At the first sight that I ever beheld of thee,
My own heart withered within in the midst of me,
Your narrow mouth of honey on which is the scent of the thyme,
Plucking the strawberries outside in the day.

Like the dew of the morning on the rising of the sun,
My first love met me on the road;
I approached her myself till I would taste of her melodious
mouth,
And she went from me in anger, and I shall see her no more.

She is the Queen of Connacht, Miss Nelly of the white teeth;
She was the loveliest and the best of good mien that I have
seen of women;
Her side was like the swan, and her eye like the green grass,
And her cheeks like the rowan-berries at the rising of the day.

If you forsake me I shall go into fury, and
The land of Erin I shall see no more;
I gave affection to thee as Naoise gave it to Deirdre,
For whom were lost the hundreds in the Red Branch of hosts.

Move head, move head, move darling head,
Move over upon me, darling head,
The black, darling head that deceives the people,
He's a man without heart would not give thee love.

I do not think that this *corruigh ceann*, 'move head,' is correct; *31.5.1890*
perhaps it was *cuir a ceann*, 'put her head' (i.e., the head of the
maiden), that ought to be in it, and that the poet was speaking to
her mother or to himself; and a person would think that the first
line ought to be as Hardiman has it, *a cheinn dhuibh dhílis*, yet that
is not the way I ever heard it amongst the people. It is a dry work,
however, to be scrutinizing questions of grammar like this, and,
therefore, I shall run past it until I come to the next composition
of Carolan's, which I think worth preserving. That is the lament
or song of grief over the death of Owen Roe O'Neill. It is very few
of these laments that Carolan composed, for he was better at praising
the living than at keening the dead. It was Cathal (Charles) O'Conor,
of Ballinagar, however, who requested him on this occasion to
compose a keen over the death of Owen. Owen Roe died in the year

sin is dóigh go raibh glan-eolas aige ar bheatha agus ar ghníomharthaibh an fhir a fuair bás a chomh beag sin de bhliantaibh roimh a bhreith féin, agus nuair d'iarr Ó Conchúir air an marbhrann so do dhéanamh, rinne sé go toilteanach é. Is dóigh go bhfuil fhios ag gach uile dhuine gurb é an scéal a chuaigh amach go bhfuair Eoghan Rua Ó Néill bás mar gheall ar nimh a chuir bean-uasal (deirfiúr an ghenerail Monroe) i bpéire bróg éadrom do bhronn sí air, nuair bhí sé ag dul léi go damhsa mór. Chuir sé na bróga so air, in onóir na mná sciamhaí a thug dó iad, agus chuaigh sé chun an tí-damhsa, agus d'fhan sé ag rince ar feadh na hoíche, ach nuair tháinig sé ar ais thosaigh an nimh a bhí istigh insan mbútais ag oibriú, agus d'at a chosa suas go dtí an ghlúin i riocht gurb éigean do na daoine a bhí ag freastal air na bróga do ghearradh dá chosaibh, agus chuaigh na cosa ar aghaidh ag at, agus tháinig neascóidí orthu, agus aimsir ghearr ina dhiaidh sin do bhí sé marbh. Do bhí ceathrar deirfiúr ag Eoghan, bean acu pósta le hIarla Thíre Chonaill, bean eile do bhí ina máthair do Chonstantin Mac Guidhir do thit ag Eachdhroim, bean eile a bhí pósta le hIarla an Chábháin, agus a rug an Raighilleach sin, ar a ghlaodh siad i mBéarla 'Myles the Slasher' agus an deirfiúr dheireanach rug an Diúc de Berwick a bhí ina cheannfort ar arm 'Shéamas a' Chaca' ag Cath na Bóinne. Bhí an tEoghan so pósta le Róis Ní Dhochartaigh agus tá litir le fáil fós do scríobh sise as an bhFrainc go sagart do bhí in Éirinn ag cur ceiste ar conas do bhí 'Eoghan Máistir Campa', mar ghlaodh sí ar a fear féin;agus is sampla maith an litir sin ar an gcineál Gaeilge do labhraítí[4] go coiteann an t-am sin imeasc na ndaoine uasal mór. Tá sí an-tsimplí, agus níl dá fhocal inti nach dtuigfí anois chomh maith agus do thuigfí iad an lá a scríobhadh í. Ach seo cúpla rann den 'tuireamh' do rinne an Cearbhallánach ar bhás Eoghain. Ní thugaim an t-iomlán de, óir feictear dom nach dtuigfí go maith é tá sé chomh briste suas agus chomh mí-bhinn sin. Is dóigh gurb é an t-ábhar faoi a bhfuil sé chomh briste sin, nach raibh sé go ceart de mheabhair ag an duine óna bhfuair scríbhneoir na bpáipéar so é, óir tá cuid de nach dtig liom ciall ar bith d'fheicsint ann:

Eoghan Rua Ó Néill

Ionadh mór is dóigh liom féin
Do dhuine ar bith do thuigfeadh comhrá béil,
Dá bhfaighinn féin an tseoid
Ba deise san rann Eorpa,
Cé fiú mé do bheith beo
I ndiaidh Eoghain Uí Néill?
Gaol na bhfear bhí láidir tréan,

4 'laibheórthaidhe' sa téacs.

1648, and O'Carolan lived from the year 1670 to 1738, and consequently it is quite certain that he had a complete knowledge of the life and deeds of the man who died so few years before his own birth, and when O'Conor asked him to make this death-song he made it willingly. Everyone knows surely, that the story which went abroad was that Owen O'Neill died through poison, which a lady — the sister of General Monroe — placed in a pair of light shoes that she gave him when he was going with her to a ball. He put on these shoes in honour of the beautiful woman who gave them to him, and he went to the dance-house, and remained dancing throughout the night; but when he came back the poison that was in the boots began working, and his feet swelled up to the knee, so that it was necessary for his attendants to cut the boots off his feet, and the feet went on swelling, and blisters came on them, and in a short time after that he was dead. Owen had four sisters, one of whom was married to the Earl of Tirconnell; another, who was the mother of Constantine Maguire, who fell at Aughrim; another, who was married to the Earl of Cavan, who bore that O'Reilly whom they called in English Myles the Slasher; and the last sister, whose son was the Duke of Berwick, who was the commander of 'Dirty James's' army at the battle of the Boyne. This Owen was married to Rose O'Doherty, and there is still a letter which she wrote from France to a priest in Ireland, asking how was Owen, the 'Master of the Camp' (generalissimo), as she called her own husband; and this letter is a good specimen of the sort of Irish which used to be spoken at that time amongst the great nobility. It is very simple, and there is not a word in it that would not be understood now as well as the day it was written. Here, however, are a couple of verses which Carolan made on the death of Owen. I do not give the whole of it, for I do not think it would be well understood, it is so broken up and so unmelodious. It is likely that the reason why it is so broken is that the person from whom the writer of these papers of mine got it had not it rightly by heart, for there is some of it in which I can see no sense whatever:

Owen O'Neill

Certainly it is a great wonder, I think myself,
To any man in the world who would understand conversation of
    mouth,
    If I were to get the jewel,
    The most lovely in the division of Europe,
How were it worth while for me to be alive
    After Owen O'Neill?
The race of the men who were strong and mighty—

Do chloíodh na Gaill gach lá 's níor bhaol,
In áit an óil beidh och agus osna,
In áit an spóirt beidh brón agus tuirse,
Cárbh ionadh sin uile agus Eoghan bheith i gcré.

Bhí mé ar an uaigh i gcluain do bhí,
'S níor labhair sé focal liom, cé ba mhór an t-ionadh,
A ghrá na gcliar agus a éag na gcarad,
Is tú d'fhága Gaeil ar lár
Agus clann Chromaill ag éirí in airde
Guth na mban san ár do dhiaidh, a Eoghan Uí Néill.
Cár chás dúinn dá dtitfeadh ár n-ardfhlaith
Faoi arm 's faoi éide imeasc an áir
A chuisle gheal na daonnacht'
Agus ansacht na ndaoine
Tá an réim seo le Gallaibh ó d'imigh sé Eoghan.

Dá mairfeadh . . . . . . Mac Guidhir a bhí tréan,
Nó coinneal gaisce na gcliar, Eoghan Rua Ó Néill —
Chuirfeadh siad clann Chromail síos acu féin
Agus bheadh bua agus treise
Ón lá sin ag na Gaeil.

7.6.1890 Is mar so a scríobhas an scríobhaí an chéad líne: 'Aonadh mór is do liom féin', is é sin 'Iongnadh mór is dóigh liom féin', agus is sampla é seo ar an scríbhneoireacht atá ins na h-amhránaibh eile, agus is comhartha mór é insan am céanna nach ndearna an scríobhaí féin aon dochtúireacht orthu, ach gur scríobh sé síos iad mar chuala sé iad; óir is cosúil é gur bhain sé as scríbhinn eile iad, agus an scríbhneoireacht chomh háibhéil-olc is tá sí. Is cinnte liom dá ndéanfadh sé sin, nach mbeadh litriú na bhfocal agus miosúr na línte leath chomh háibhéil-dona agus atá siad anois.

Is minic do thigeadh na daoine uaisle óga chun an Chearbhallánaigh ag iarraidh air amhrán do dhéanamh dóibh ar an mnaoi dá dtug siad grá, agus is annamh diúltódh sé iad. Ach ní hiad amháin na daoine óga a bhí i ngrá ar a dtug sé fóirithin lena chuid amhrán, ach ar dhaoine eile nuair a bhíodh siad in aon chruáil ina bhfaigheadh siad cúnamh ó ranntaibh an bhaird. Bhí fear de mhuintir Dhiarmada, cara don Chearbhallánach, a raibh gabháltas mór talún aige ón Tiarna Cingston (a bhí de shliocht na ndaoine sin a 'phlandaigh' Cúige Uladh, in aimsir an chéad Shéamais), agus mar nach raibh sé ina fheilméar ró-mhaith níor fhéad sé a chíos d'íoc leis an Iarla, agus bhí sin ag dul ar aghaidh le tamall maith nó go raibh fiacha an-mhóra ar Mhac Diarmada bocht, agus chreid sé gach uile lá, go raibh an tIarla dul á thiomáint amach as a theach agus a thalamh, bhí sé chomh fada sin gan aon phighin d'íoc leis.

32

Who used to overthrow the foreigners every day, and there was no fear.
  In place of the drink there will be an *och* and a sigh —
  In place of the sport there will be grief and heaviness.
What wonder is all that, and Owen to be in the clay?

I was on the grave in Cloon (or a meadow) that was,
Yet he spoke not a word unto me, though great was the wonder.
  Oh! love of the clerics, and oh! death of the friends,
    It is you left low the Gael
And Clann Cromwell rising on high
The voice of the women in the slaughter after thee,
    Oh! Owen O'Neill.
What were the sorrow to us if our high Prince were to fall
Beneath arms and armour amidst the slaughter?
    Oh! bright pulse of humanity
    And delight of the people
This victory have the Galls (foreigners) since he is gone, Owen.

If . . . . . Maguire, who was strong, were to be alive,
Or that candle of valour of the clergy, Owen Roe O'Neill,
They would put down for themselves Clan Cromwell,
And there would be victory and might
    From that day with the Gael.

This is how the scribe writes the first line — *Aonadh mór is do* 7.6.1890
liom féin — that is, *Iongnadh mór is dóigh liom féin*; and it is a good
example of the sort of writing which is in the other songs, and it
is, at the same time, a convincing proof that the scribe himself did
not doctor or alter them, but that he wrote them as he heard them,
for it is not likely that he took them from another MS. seeing how
unutterably bad the orthography is. I am certain that if he had taken
them from another MS. the spelling and the measure of the lines
would not be half as wretched as they are.

Young gentlemen used frequently to come to the Carolan asking
him to make them a song for the lady they had given love to, and
he used seldom to refuse them; but it was not the young men who
were in love alone whom he relieved with his songs, but other people
also, when they found themselves in any hard case out of which they
could be helped by the bard's stanzas. There was a man of the people
of Dermod (i.e., MacDermott), a friend of the Carolan's, who had
a large holding of land from Lord Kingston (who was a descendant
of the men who 'planted' Ulster in the time of James I), and as he
was not a very good farmer he was unable to pay the Earl his rents;
and that was going on for a long time, until poor MacDermott was
very greatly in debt, and believed every day that the Earl was going
to throw him out of house and lands, he was so long without having
paid him a penny.

Tharla go dtáinig an Cearbhallánach isteach chuige aon lá amháin, agus fuair sé an fear bocht ró-bhreoite ar fad, agus faoi ghruaim agus faoi bhuaireamh. D'fhiafraigh an Chearbhallánach de céard do bhí air, agus d'inis Mac Diarmada dó go raibh faitíos air go raibh an tIarla dul á chaitheamh amach ar an tsráid, é féin agus a pháistí, mar gheall ar an méid fiacha a bhí aige air. Dúirt an Cearbhallánach leis nach raibh baol ar bith air, agus ghlaoigh sé ar ghloine biotáille agus thug ar Mhac Diarmada a chuid féin d'ól. Chuir Mac Diarmada cuireadh ar an mbard an oíche do chaitheamh leis, agus chaithedar le chéile í. Ar maidin, lá arna mhárach tháinig an bard chuige agus dúirt leis go raibh amhrán réidh aige, agus gurb é an ní do b'fhearr d'fhéadfadh Mac Diarmada dhéanamh, an t-amhrán sin d'fhoghlaim, agus a ghabháil ar maidin go moch faoi fhuinneogaibh an Iarla. Bheirim anso trí rainn de.

Maidin Bhog Aoibhinn

Maidin bhog aoibhinn, maidin bhog aoibhinn
  Maidin bhog aoibhinn an mhaidin is fearr;
Maidin bhog aoibhinn, gealach is grian,
  Insa gCingston na féile d'éirigh an lá.

Tá an tiarna Cing ag tíocht 's a thrúp leis,
  Go fáilteach clúiteach inár ndáil,
Go mba fada buan beo é i dtreise 's i gcéim,
  A chlann is a mhaoin is é féin go bráth.

Tá dealrú ón ngréin ar gach maidin dó ag éirí,
  Preabaire an réidh-chroí mhaitheas gach cáin,
'Sé scaipfeadh ar gach aon de bhochtaibh an tsaoil,
  A Chingston na féile ag éirí don lá.

Maidin bhog aoibhinn, maidin bhog aoibhinn,
  Maidin bhog aoibhinn an mhaidin is fearr,
Maidin bhog aoibhinn, gealach is grian,
  Insa gCingston na féile d'éirigh an lá.

D'fhoghlaim Mac Diarmada an t-amhrán agus chuaigh sé le héirí na gréine, lá arna mhárach, agus sheas faoi fhuinneoig an tseomra ina raibh an tIarla ina chodladh, agus ghabh sé an t-amhrán so. Dhúisigh an tIarla as a chodladh agus chuir sé a cheann amach ar an bhfuinneoig agus chonaic sé Mac Diarmada, agus d'fhiafraigh de céard do bhí a' teastáil uaidh, nó an raibh aon mhíá air. D'fhreagair Mac Diarmada nach raibh, ach amháin nach raibh sé in ann na fiacha do bhí air, do dhíol leis an Tiarna, agus ar an ábhar sin dúirt sé go rug sé a 'léasaí' uile leis, agus céad púnta, lena dtabhairt don Tiarna, agus go raibh rún aige ansin, an tír d'fhágáil. Bhí fhios ag an Iarla

It so chanced that the Carolan came in to him one day and found the poor man very miserable entirely, and under gloom and troubled. The Carolan asked him what was on him (i.e., what ailed him), and MacDermott told him that he was afraid the Earl was going to throw him out on the street, himself and his children, on account of all the debts he owed him. The Carolan said there was no fear at all of him, and he called for a glass of whiskey, and made MacDermott drink his own share. MacDermott invited the bard to pass that night with him, and they spent it together. In the morning the day on the morrow the bard came to him, and said he had a song ready for him, and that the best thing he could do was to learn the song, and to sing it early in the morning under the Earl's windows. I give three stanzas of it here:

A Fine, Soft Morning

A fine, soft morning, a fine, soft morning,
 A fine, soft morning is best I say;
A fine soft morning, the sun and the moon,
 And in generous Kingston rose the day.

Lord King is coming, and his troop with him,
 With welcome and renown to meet us,
That he may be long alive in strength and (high) degree,
 His children, his goods, and himself for ever.

There is a brightness from the sun every morning when he rises
 The hero of the ready heart who forgives every rent,
It is he who would scatter (gold) on each one of the world's poor,
 Oh, Kingston of the generosity, on the rising of the day.

A fine, soft morning, a fine, soft morning,
 A fine, soft morning is best, I say;
A fine, soft morning, the sun and the moon,
 And in generous Kingston rose the day.

MacDermott learned this song, and went on the day on the morrow, at sunrise, and stood under the window of the chamber where the Earl was sleeping, and sang this song. The Earl woke up out of his sleep, and put his head out on (of) the window and saw MacDermott, and asked him what he wanted, or had any misfortune happened to him. MacDermott answered that there had not, only that he was not able to pay the lord the debts he owed him; and, consequently, he said he brought all his leases with him, and a hundred pounds to give the lord, and that he expected then to leave the country. The Earl knew that he had a large, young family, and pitied him. He called him in, and forgave him the money he had on him (i.e., which

go raibh muirín mhór óg aige, agus ghlac sé trua dó. Ghlaoigh sé isteach é agus mhaith sé dó an t-airgead a bhí aige air, go dtí an t-am sin, agus thug bille ghlan dó, agus dúirt leis imeacht abhaile agus go raibh súil aige go mbeadh an t-ádh air feasta.

Ba dheacair a rá an méid pósadh a rinne an Cearbhallánach. Bhíodh sé i gcónaí ag cuideachtan leis na daoine óga do bhí i ngrá lena chéile. Bhí bean uasal darbh ainm Dollaí Ní Dhonncha ina cónaí ag Craoibhí áit in aice le Caisleán Tenison i gContae Shligigh, agus fear óg de mhuintir Uí hEaghra i ngrá léi, agus bhíodh sé i gcónaí ag cuirtéireacht léi, ach ní raibh aon mhaith aige ann, mar nach leigfeadh cairde na mná uaisle di é phósadh, mar nach raibh mórán maoine aige. Shíl an Chearbhallánach gur mhór an trua gan í bheith á phósadh mar gheall ar é do bheith gan mhórán saibhris, agus rinne sé amhrán dó. D'fhoghlaim Ó hEaghra an t-amhrán, agus do thigeadh sé go minic agus do ghabhadh sé faoi fhuinneoig na maighdine é, go bhfuair sé bua ar a hintinn agus d'éalaigh sí leis, in ainneoin a daoine muintireach agus a cairde uile. Agus má chreid sí go deimhin gurbh é Ó hEaghra féin a rinne an t-amhrán so di, ní ionadh gur éalaigh sí leis. Is dóigh go raibh aithreachas uirthi ina dhiaidh sin nuair fuair sí amach nach raibh ina fear aon rann eile do dhéanamh! Is maith iad na véarsaí seo:

Dollaí Ní Dhonncha

Go Craoibhí choíche má théann tú,
Dearc ar mhnaoi na bpéarla,
Deirionn (?) bhán na mín-rosc 's ní baol duit go deo,[5]
Ba dheise a com ná an eala
Gan ghruaim gan chruas gan chráiteacht
'S a mala chaol tá tarraingte ó nádúr gan stró.

Ba ghile a píob 's a bráid gheal
Ná sneachta mín dá charnadh,
'S ná an lile rug barr maise is breáchta ná an rós,
A dhrúcht na maidne is áille
An ghrian faoi smúit go bhfaigh' tú,
Ag éirí ar na hardaibh gach sár-mhaidin ceo.

Is cloíte bocht atáim-se,
'Mo luí ar easpa sláinte,
Is mo leigheas níl le fáil ag aon lia dá bhfuil beo,
Atá mo chroí dá stialladh,
Mar ord ag dul ar iarann,
Is fóir orm, a Dhia, nó ní bheidh mé anso.[6]

5 'An bás' insan ls., acht níl an fhuaim cheart ann so.
6 Sa ls. 'buan beo' acht ní dheunann sin an fhuaim cheart.

MacDermott owed him) up to that time, and gave him a clear bill, and told him to go home, and that he hoped the luck would be on him in future.

It would be hard to tell the number of marriages that Carolan made up. He used constantly to help young people who were in love with one another. There was a lady of the name of Dolly MacDonagh living at Creevagh, a place near Castle Tennison, in the county Sligo, and a young man of the O'Haras was in love with her, and used to be constantly paying court to her, but it was no use for him, for the lady's friends would not allow her to marry him since he had not much wealth. The Carolan thought it a great pity her not to marry him on account of him to be without much riches, and he composed a song for him. O'Hara learned the song, and used constantly to come and sing it under the maiden's window, till he conquered her heart, and she eloped with him in spite of all her kindred and friends. And if she believed, indeed, that it was O'Hara himself who composed this song, it is no great wonder she eloped with him. Surely she repented afterwards when she found out it was not in her husband to make a single other stanza! These verses are good:

Dolly MacDonagh

To Crevagh if you ever go
Look at the girl of the pearls
The white .`. . . of the smooth eyes and there will never be any fear
of you (i.e., after such an amulet as a look into her eyes).
Her shape was fairer than the swan's
With no gloom or hardness or penury,
And her narrow forehead that is drawn by Nature without
prodigality.(?)

Her throat and her white neck were brighter
Than smooth snow being piled up (in drifts)
And than the lily which took the top of (i.e., exceeded in) loveliness
(being) finer (again) than the rose.
Oh, dew of the morning most lovely,
That you may find the sun without a cloudlet
Rising over the heights, each splendid misty morning.

It is destroyed I am, and poor,
Lying in lack of health,
And my cure is not to be found with any leech alive.
My heart is being torn in pieces,
Like (i.e., as by) a sledge falling on iron;
Relieve me, God, or I will not be long here.

A bhéil tá tana dílis
Ná déan súd orm choíche,
Tabhair póg nó dó 'gcois ísioll[7] dom, mar leigheas ar mo phian,
Má ghnídh tú sin gan amhras
Fhad is mhairfeas saol is aoibhneas,
Ní scarfad leat a choíche, a chumainn agus a mhian.[8]

Mar drúchta, maidin samhraidh,
Do bhuaileadh orm m'ansacht,
Mar réalt na maidne ag éirí ar éirí don lá,[9]
A rúin mo chroí is m'ansacht
Ná tuig nach bhfuil mé i ngeall ort
Dá gcaillfí an Róimh, 's an Fhrainc leis, Ó! éalaigh liom gan spás.

Is cloíte bocht atáim-se
'Mo luí ar easpa sláinte,
Is mo leigheas níl le fáil ag aon lia dá bhfuil beo,
A rúin mo chroí tá carthanach
A ghrá gach aon dá bhfaca thú,
Muna dtéidh tú liom ar fharraige, ní bheidh mé i bhfad beo.

14.6.1890 Creidim gurbh í an bhean so col-ceathar do Mhac Donncha an fear dlí, fear an-chlúmhail lena linn, agus fear ar a raibh cáil mhór. B'eisean an t-aon Rómánach amháin dá leigeadh bheith ina fhear dlí insan am so, ach deir siad go bhfuair sé an bhua sin le cumhacht an Tiarna Cingsland agus an Tiarna 'Taafe.' Bhí sé de Chlainn Dhonncha na Céise, agus de shloinne na mbarún ar a ghlaodh siad Mic Donncha an Chorrainn, ón tsliabh mhór Céis Corrann atá i gContae Shligigh. Deir siad go dtáinig fear óg chuige aon lá amháin agus go ndúirt sé leis an bhfear dlí, go raibh rún aige éaló le cailín éigin agus a fuadach óna muintir, ach go raibh faitíos air roimh an dlí, ags d'fhiafraigh sé den fhear dlí cad é an chaoi do b'fhearr dó le sin a dhéanamh, gan titim faoi smacht an dlí. "Bhfuil an cailín toilteanach thusa d'éaló léi," ar Mac Donncha. "Tá go cinnte," arsan fear óg. "A amadáin mhóir," ar Mac Donncha ansin, "ná fuadaigh an cailín leat, ach leig don chailín thusa fhuadach léi-se, agus ní bheidh baol ar bith ort. Ní thig leis an dlí baint leat má ghní tú an rud go ceart." Thug an fear óg buíochas dó, agus d'imigh sé. An lá arna mhárach, nuair a bhí Mac Donncha ag spaisteoireacht an an mbóthar, céard d'fheicfeadh sé ag teacht ina lán-rith, ach capall agus beirt air, fear óg and bean óg, agus na daoine á leanúint. Bhí an bhean óg i dtosach ar an gcapall, agus an t-ógánach ar a cúl, agus é ag glaoch

---

7 i.e. os ísioll.
8 'Grádh' sa ls., a ghnidheas droch-fhuaim.
9 'an laé' sa ls.

Oh, mouth that is narrow and darling,
Never do that to me,
Give to me a kiss or two, secretly, as a cure for my pain.
If you do that (then), without doubt
As long as the world and happiness shall last
I shall never part from thee; oh, my affection, my desire.

Like the dew of a summer morning
My delight was struck upon me (i.e., met me),
Like the star of the morning rising, on the rising of day.
Oh, secret of my heart and my delight,
Understand not that I do not want thee (?)
(Even) though Rome and France were to be lost by it — steal off
with me without delay.

It is discomfited and poor I am,
Lying in lack of health,
And my cure is not to be found with any leech alive.
Oh, secret of my heart who art friendly;
Oh, love of everyone who has seen thee,
Unless thou cross the sea with me I shall not be long alive.

I believe that this girl was a cousin (or niece) of MacDonogh the *14.6.1890*
lawyer, a man very renowned and widely celebrated in his time. He
was the only Papist who was allowed to be a lawyer at this time;
but they say he obtained this privilege through the influence of Lord
Kingsland and Lord Taaffe. He was of the Clan Donagh of Kesh,
and of the race of the barons whom they called the MacDonaghs
of Coran, from the large mountain Kesh Coran, in the county Sligo.
They say that a young man came to him one day and said to him
that he intended to elope with a certain girl, and carry her off from
her people; but that he was afraid of the law, and he asked the lawyer
what was the best plan for him to accomplish that without falling
under its penalties. 'Is the girl willing to elope with you,' said
MacDonagh. 'Yes, surely,' said the young man.
'You big fool,' said MacDonagh to him then, 'don't you run away
with the girl, but let the girl run away with you, and then there'll
be no fear of you. The law can't touch you, if you do the thing right.'
The young man thanked him and went off.
The day on the morrow when MacDonagh was out walking on
the road, what should he see coming in a full race, but a horse and
a pair on it, a young man and a young woman, and the people
following them. The young woman was in front on the horse, and
the youth was behind her, and he crying out: 'Look! I've no help

amach. "Féach! Níl aon neart agam air! Tá sí 'g am' fhuadach léi, tá sí ag éaló liom"'! Rinne Mac Donncha gáire, nuair a chuimhnigh sé ar an gcomhairle a thug sé don fhear óg an lá roimhe sin, ach níorbh fhada gur leig sé a gháire de, nuair tháinig an capall suas leis, agus d'aithnigh sé a chol-ceathar féin, agus an rógaire sin ina chúlóig aici! Ach níor fhéad sé aon rud dhéanamh. Measaim gurbh iad Ó hEaghra agus Dollaí Ní Dhonncha an bheirt sin, agus gurbh é le amhrán an Chearbhallánaigh do ghabháil faoina fuinneoig fuair Ó hEaghra bua uirthi.

Ní raibh fear i gConnachtaibh ba mhó cáil agus clú ná an Mac Donncha so, agus bhí sé gaolach le mórán de na daoine uaisle, agus rinne sé a lán ar son na seanÉireannach agus go mór-mhór ar son na gCaitleacach ins na cúirtibh dlí i mB'l'á Cliath. Bhí sochraid áibhéil-mhór aige nuair a fuair sé bás, agus deir siad nach raibh a leithéid sin de shochraid i gConnachtaibh leis na céadaibh bliain, ach amháin an tsochraid a bhí ag Cathal Ó Conchúir (an scoláire Gaeilge) ó Bhéal Ath na Gártha. Rinne an Cearbhallánach caoine ar Mhac Donncha agus is fiú a thabhairt anso, óir níor chum sé ariamh rud ba bhinne ná é.

Caoineadh ar Mhac Donncha

I

'Sí do chaoi-se gach lá
 Do mhéadaíos mo dheoir,
Tá na cúirtí faoi smúid dhuibh, ó'r dúnadh ort fód,
 A ardfhlaith na seod
 Fuair sár-chlú ins gach ród,
Tráth chuala mé do thaisghioll (?) níl ach scáile dhíom beo.

II

 Tá gach ard-fhuil faoi bhrón
 Ó Éirne go Bóinn,
Cá rachaidh lucht siansa, lucht léinn ná lucht ceoil,
 Contae Shligigh faoi bhrón,
 'S Contae Liathdroim go deo,
Is tá an réim seo le Gallaibh ó d'imigh Torlach óg.

III

 Tá Tiarna Mhaigh Eó
 Is gach Tiarna faoi bhrón,
Agus Tiarna Loch Glinne ag sileadh na ndeor;
 Ní áirmhím[10] Tír Eoghain
 Is Tír Chonaill go deo
Faoi do bhéal frasach faobhrach bheith dúnta faoi fhód.

10 'airighim' sa ls.

for it! She's running away with me; she's carrying me off!'
MacDonagh laughed when he remembered the advice he had given
the young man the day before; but it was not long till he laid his
laughter from him, when the horse came up with him and he
recognised his own niece, and that rogue sitting behind her. But he
could do nothing.

I believe that that couple were O'Hara and Dolly MacDonagh, and
that it was by singing Carolan's song under her window O'Hara
vanquished her.

There was no man in Connacht of greater fame and name than
this MacDonagh, and he was related to many of the gentlemen of
the province, and did a great deal for the old Irish, and especially
for the Catholics, in the law courts in Dublin. He had a tremendously
large funeral when he died, and they say there was no such funeral
in Connacht for hundreds of years, except the funeral that Cathal
(Charles) O'Connor, of Balinagare, the Irish scholar, had. Carolan
composed a keene for MacDonagh which is worth giving here, for
he never composed anything more melodious than it:

Keene for MacDonagh

I

It is crying for you each day
That increases my tears;
The courts are under a dark mist since the sod was shut on you,
Oh, high chief of the jewels
Who found great fame in each road,
When I heard of your . . . there is but a shadow of me alive.

II

Each high blood is in grief
From the Erne to the Boyne,
Where will the sportive, the learned, the musicians, go?
County Sligo under grief,
And county Leitrim for ever.
And the Galls have this victory since Torlagh Oge is gone.

III

The Lord of Mayo
And each other Lord is beneath grief,
And the Lord of Loughglynn is shedding tears.
I count not Tirowen
Or Tirconnell for ever (i.e., I make no mention of all that are
weeping in Tyrone and Donegal);
For your fluent, sharp-edged mouth, to be shut away beneath the sod.

41

'Sé do shaol nár bhuan
D'fhág siansa faoi ghruaim,
I bhfad ó na daoine mar i gCraobhach ba dhual,
A Mhuire nach í an trua
Na dílleachtaí i nguais
Ó d'imigh sé an t-ardfhlaith tá sínte i mBaile 'n Dúin.

Tá mé dul amhrán eile a rinne an Cearbhallánach ach nach raibh ariamh i gcló do thabhairt anso. Bhí trácht mór ar an amhrán so i bhfad ó, ach níl fhios ag an gcuid is mó de na daoine anois cad é an sort amhráin é, .i. an 'Sí mhór agus Sí bheag'. Deir Ó hArgadáin gurbh é seo an chéad amhrán a rinne an Cearbhallánach ariamh, ach ní bheir sé na véarsaí dúinn. Deir sé go dtáinig an Cearbhallánach, agus é óg, go teach Mhic Rannaill in aice le Loch Scor i gContae Liathdroim, agus go raibh sé ag seinn do Mhac Rannaill ar a chláirsigh. Bhí an Mac Rannaill seo de shliocht na sean-phrionsa a raibh cuid mhór de Chontae Liathdroim faoina smacht, agus bhí cuid mhór de mhaoin agus de thalamh aige féin, agus ba mhaith an bard é i nGaeilge, mar an gcéanna. D'fhiafraigh sé den Chearbhallánach ar chum sé rainn nó véarsaí ariamh, agus d'fhreagair an Cearbhallánach nár chum, mar nach raibh ann ach fear ceoil san am sin. "B'fhéidir," ar Mac Rannaill leis, gurbh fhearr an obair dhéanfá le do theanga ná le do mhéaraibh," agus d'inis sé dó ansin go raibh troid mhór go déanach idir na daoine maithe a bhí ina gcónaí insan tSí Bheag (rath nó tulachán in aice lena theach féin) agus iad a bhí ina gcónaí insan tSí Mhóir, agus d'iarr sé ar an gCearbhallánach dán do dhéanamh ar an troid sin. Ní dhearna an Cearbhallánach aon dán ariamh go dtí sin, ach nuair d'iarr a chara air, thosaigh sé á chumadh, agus nuair tháinig Mac Rannaill abhaile dá theach, tar éis é do bheith imithe as le trí nó ceathar de laethibh, bhí an Cearbhallánach réidh roimhe leis an amhrán so, a chuir mé le chéile as trí nó ceathar de lámhscríbhinní, mar nach bhfuil an méid céanna de cheathrúnaibh ins gach scríbhinn acu, agus ní thigid na rainn insan ordú céanna iontu. Níl an dán ró-mhaith, ach más fíor gurbh é an chéad cheann dá ndearna ár mbard ariamh ní bheidh sé mí-thaitneamhach ar fad do lucht léite a rann. Ní hionann an chéad rann agus na rainn eile, níl sé insan miosúr nó ar an gcuma céanna, agus is cosúil nach bhfuil ann ach píosa próis a tháinig isteach mar réamhrá don dán, agus creidim gur mar phrós ba chóir dó bheith clóbhuailte. Ach mar fuair mé é scríofa síos mar cheathrún ins gach scríbhinn ina bhfuair mé é, bheirim anso é insan gcaoi chéanna. Is iad dá bhanríon na Sí atá ag imreas le chéile insan dara rann, agus insan tríú rann tá an bard ag rá leo gur fearr dóibh síocháin a dhéanamh eatarthu féin, óir dá mbeadh siad ag troid go bráth ní bhfaigheadh taobh acu bua ar an

'Twas your life that was not lasting;
That left merriment in gloom.
Far from the people, as your wont was, to be at Creevagh,
O Mary! is it not the pity
The orphans to be in danger,
Since he, the high chief, is gone, who is stretched in Ballindoon.

I am about to give here another song which Carolan composed but
which has never been printed. This song had great vogue formerly,
but most people are now ignorant as to what sort of thing it is. I
mean the 'Shee More and Shee Beg.' Hardiman mentions that it was
the first song that Carolan ever composed, but he does not give us
the verses. He says that the Carolan came, and he young, to the house
of MacRandall (or Reynolds), near Lough Sgur, in the county Leitrim
and was playing for MacRandall on his harp. This MacRandall, or
Reynolds, was of the race of the old chiefs who held a large portion
of the county Leitrim beneath their sway, and he himself possessed
plenty of land and wealth, and was also a good poet in Irish. He asked
the Carolan whether he had ever composed verses or stanzas, and
Carolan answered he had not, for he was only a musician at this time.
'Perhaps,' said MacRandall to him, 'you would make better work
with your tongue than your fingers,' and he told him that there had
been a great battle lately between the good people who were living
in the Shee Beg (a rath or little hill near his own house), and those
who were living in the Shee More, and he desired him to make a
song about the battle. Carolan had never composed any poem until
then, but when his friend asked him he began to compose, and when
MacRandall came home to his house after being away for three or
four days, Carolan was ready before him with this song, which I put
together out of three or four MSS., as they do not all contain the
same number of stanzas, and the quatrains do not always come in
the same order. The poem is not very good, but if it be true that
it was the first one our bard ever composed it will not be altogether
displeasing to readers of his verses. The first stanza is not the same
as the others, it is not in the same measure or the same form, and
it is probable that it is nothing but a piece of prose that came in
as a preface to the poem, and I believe that as prose it ought to be
printed. But as I found it written down as a stanza in every MS.
in which I got it, I give it here in the same way. It is the two Queens
of the Fairies who are quarrelling with one another in the second
verse, and in the third verse the bard is telling them that it were
better for them to make peace between themselves, for if they were
to fight for ever no one side of them would conquer the other. It
is not very plain who is speaking in the seventh verse, 'Parley, Parley!';

taoibh eile. Ní follasach é cé labhras an seachtú rann 'Parlidh, parlidh', agus na ceathrúna a leanas, ach sílim gurb é sióg a deir 'Parlidh, parlidh', agus gurb é an bard féin a labhras insan dá cheathrúin déanach.

An tSí Mhór agus an tSí Bheag

Imreasán mór tháinig idir na ríthibh
d'fhás ón dá chnoc síghe,
Dúirt an tSí Bheag go mba fearr í féin
Fá dhó ná an tSí Mhór.

Ní raibh sibh ariamh chomh uasal linn
I gcéim dar ordaíodh i dtuaith ná i gcill,
Beir uaim do chaint níl suairceas ann,
Coinnigh do cheann is do lámh uaim.

Coíche ní bhfaighidh sibh bua ar chách
Ar muir ná ar tír ná in iomarbhá,
B'fhearr an chaoi a bheith déanamh síth'
Ná a' fuagairt cogaidh i láthair.

Tráth do chruinníodar thosaigh an bualadh teann
Imeasc na machaire, anonn is anall,
Níl duine dar tharla ariamh ón mbinn
Nár chaill a cheann san ár sin.

'Sé seo an cath do chráigh ár gcroí,
Prionsaí sí ar lár, gach taobh,
Tuatha Dé Danann ag teacht ina scaoith,
'S nach ionadh saolta an t-ár sin.

Is ann do cailleadh na mílte sí,
Na mílte díobh ar gach taoibh,
Ní raibh ach bruíon i scrios na Traoi
Le méid an áir an lá sin.

"Parlidh! parlidh!" a chairde gaoil,
Sin agaibh an namhaid ó Charn Clainn' Aodh',
Ó Bhinn Athchluain tá na sluaite ann,
Is a chairde bímid páirteach.

Tá sé anois is ariamh á rá
An cogadh is lú go milleann a lán,
Gur fearr an tsíth is measa dlí,
Ná bailte is tíortha a bhánú.

44

and the quatrains that follow, but I believe it is a fairy who says
'Parley,' and that it is the bard himself who speaks the two last verses.

The Fairy Queens

A great quarrel that came between the kings
Who grew from the two Shee Hills,
The little Shee said she herself was better
    Twice better than the great Shee.

'Ye never were so noble as we
In any rank that was ever ordained in country or church.'
'Take away your talk from me; there's no pleasure in it.
    Keep your head and your hand from me.'

Ye will not ever get the victory over each other
In land or on sea or in exile.
It were a better way to be making peace
    Than to be proclaiming war upon the spot.

When they gathered the tight striking began,
Throughout the plains, backwards and forwards;
There's not a person who ever came from the peak
    But he lost his head in that slaughter.

This is the fight that destroyed our heart;
The fairy princes (lying) low on every side,
The Tuatha De Danann coming in their swarms (?),
    And is it not a wonder of the world that slaughter!

It is there the thousands of the Shees (fairies) were lost,
The thousands of them on every side.
There was only a scrimmage at the destruction of Troy
    (Compared) with the quantity of slaughter that day.

Parley! parley! oh, kindred friends,
There comes to ye the enemy from the Cairn of the race of
        Hugh,
From the peak of Athlone the hosts are there,
    And, oh friends, let us be reconciled.

It is said now, and has ever been said,
That the smallest war destroys numbers,
That (even) the peace the law (conditions) of which is worst,
        is better
    Than to lay waste towns and countries.

45

'Sé an t-éad ar dtús do dhíbir slóigh
Is chuir na mílte i gcarcair cruaidh,
Is fearr an Chóir a bheith buan go deo
Ná bráithre ghríosú a n-áireach (*sic*).

21.6.1890 Rinne an Cearbhallánach amhrán ar Ullachán dubh ó, am eile, agus deir siad gurbh é so an tráth do rinne sé é. Bhí duine uasal ann darbh ainm Saint Seoirse, agus chuir sé geall trom le Sasanach éigin go raibh fear-buachailleacht' na mbó agus fear dall aige féin san mbaile ba mhó scil agus eolas ar cheol agus ar an gcláirsigh ná aon fhear i Sacsana. D'iarr sé ar an gCearbhallánach agus ar Sheiream Ó Duibhgeanáin theacht leis go B'l'Áth Cliath, agus rug sé leis ar éigean iad. Bhí an Duibhgeanánach ina fhear mór garbh, agus ní shílfeadh duine ar bith go raibh aon eolas ar cheol ag stróinse agus straoille dá shórt. Nuair tháinig siad go B'l'Áth Cliath do thosaigh siad ag ól, agus bhí Saint Seoirse ag tabhairt dí láidre dóibh ar feadh na hoíche, nó go raibh an iomarca ólta acu, agus thit siad ina dtrom-chodladh. Nuair a bhí siad insan riocht sin, d'ordaigh Saint Seoirse a n-iompar chun na loinge a bhí dul go Sacsana, agus a gcur ar bord. Níor dhúisigh ceachtar acu nó go raibh siad i dtír i Sacsana. Nuair dhúisigh an Cearbhallánach dúirt siad leis, "An bhfuil fhios agat cá bhfuil tú anois?" agus d'fhreagair seisean, "Ní ar talamh Éireannach atá mé." Deir siad gurbh é seo an t-am do chum sé na véarsaí seo a leanas, ach is dóigh go raibh sean-amhrán 'Ullachán dubh ó' ann, i bhfad roimhe sin.

Ullachán Dubh Ó

Go mba mhíle slán do Chontae Liathdroim
    Agus Ullachán Dubh Ó!
'S an darna[11] slán do Chabhán Uí Raighilligh,
    Agus Ullachán Dubh Ó!
Ós ann féin do gheibhidhe[12] an plúr 's an lionn,
Agus ceiliúr na n-éan faoi bharraibh na dtom,
Agus cead do bheith ag ól le do ró-ghrá ar faill,
    Agus Ullachán Dubh Ó!

Cibé a chífeadh Tiarna na Bréifne
    Agus Ullachán Dubh Ó!
Lucht na sciath breac, a n-eachraí is a n-éadach
    Agus Ullachán Dubh Ó!
Mac Muireadh ar dtús de thogha na Bréifne
Ní áirmhím slua na laoch 's na dtréanfhéar,
Uaisle uile in airm 's in éadach
    Agus Ullachán Dubh Ó!

11 'darna' i nGaedheilg Albanach = dara.   12 *do-gheibhthí?*

It is jealousy, first of all, that banished hosts.
And put thousands in hard prison.
'Twere better the Right to be always lasting[1]
Than to urge on brothers to slaughter (?).

Carolan composed at another time a song upon 'Ullahawn Duv 21.6.1890 oh,' and they say that this was the occasion on which he made it. There was a gentleman of the name of St George, and he made a heavy wager with some Englishmen that he had a cow-herd and a blind man at home who had more skill and knowledge of music and the harp than any man in England. He asked the Carolan and Jerome Duigenan to come to Dublin, and forced them to come with him. Duigenan was a large, coarse man, and nobody would think that a clown and lout of his sort could have any knowledge of music. When they came to Dublin they began drinking, and St George was plying them with strong liquor throughout the night, until they had too much drink, and fell into a deep sleep. When they were in that condition St George gave orders to carry them down to a ship that was going to England, and to put them on board. Neither of them awoke until they were landed in England. When Carolan woke up they said to him: 'Do you know where you are now?' and he answered: 'It's not on Irish land I am.' They say this was the occasion he composed the verses that follow, but it is certain that there existed an old song of 'Ullahawn Dub oh' long before.

Ullachan Dubh O

A thousand farewells be to county Leitrim
    And to Ullahawn Dhuv O,
And the next farewell to Cavan of the O'Reillys,
    And Ullahawn Dhuv O,
For it is there would be found the flour and the ale,
And the chirping of birds beneath the tops of the bushes,
And leave to be drinking with your very-love on occasions,
    And Ullahawn Dhuv O.

Whosoever would see the Lord of Breffny,
    And Ullahawn Dhuv O,
And men of the speckled shields, their horses, their armour,
    And Ullahawn Dhuv O,
MacMurray in the front of the picked men of Breffny,
I do not count the host of the heroes and the strong men,
All nobles, in arms and armour,
    And Ullahawn Dhuv O.

1. Perhaps this should be translated 'It were a better right (i.e., it were better) to remain always living.'

Tá an breac is an bradán i nglacán gach sléibhe
Agus Ullachán Dubh Ó!
Tá an eilit bheag mhaol is an fia breac léimnigh,
Agus Ullachán Dubh Ó!
Ba bhinne liom go mór ná ceol na dtéada
Gach maighdean óg i gcórú Gaelach,
Folt go bróig mar an ómra léithe,
Agus Ullachán Dubh Ó!

Tá tuilleadh insan amhrán so, ach ní furas é aon chiall do chur insan gcuid eile de, tá sé chomh suaite sin, agus chomh tríd-a-chéile.

Dúirt mé go raibh an Cearbhallánach i gcónaí réidh le cúnamh do thabhairt lena chuid amhrán do dhuine ar bith a bheadh ar uireasa cabhra agus caithfidh mé sampla eile thabhairt anso ar a chineáltas.

Do bhí fear óg ann, ina shearbhónta nó ina fhear-leanta Muintire Raighilligh Chontae an Chabháin, do bhí tógtha acu-san ó bhí sé ina leanbh, agus a raibh cion mór acu air. Rinne an t-óganach so coir éigin — níl fhios agam cad é an cineál coire — agus theith sé as Contae an Chabháin, mar bhí faitíos air roimh Mhuintir Raighilligh, agus tháinig sé go Cúige Laighean. Níorbh fhada gur gabhadh, agus gur cuireadh i bpríosún é, agus do fágadh ansin ar feadh tamaill mhaith é. Bhí sé ag dearcadh amach ar an bhfuinneog insan bpríosún aon lá amháin, agus a cheann trí na barraibh iarainn, nuair chonaic sé an Cearbhallánach ag gabháil thairis. Ghlaoigh sé air, agus tháinig an Cearbhallánach chuige agus d'aithnigh é, mar do chonaic sé é go minic roimhe sin i dteach na Raighilleach, ar a raibh grá mór aige. D'fhiafraigh an Cearbhallánach de céard do thug ansin é, agus d'inis seisean a scéal uile don bhard, agus d'iarr air in ainm Dé trócaire do dhéanamh air, agus cabhair d'fháil dó. Do chuimhnigh an Cearbhallánach aige féin le seal, cad é an chaoi do b'fhearr le fóirithin d'fháil don phríosúnach, agus faoi dheireadh rinne sé an t-amhrán so a leanas, agus chuir sé cóip scríofa de go dtí gach Raighilleach a bhí i gContae an Chabháin, agus nuair fuair siad an t-amhrán sin rinne siad a ndícheall agus mar do bhí cumhacht an-mhór acu, níorbh fhada é go raibh an príosúnach scaoilte amach arís. Ag so an t-amhrán. Ní fiú mórán é, ach b'fhéidir go raibh faitíos air a dhéanamh go ró-mhaith ar eagla go measfaidís na Raighillí gurbh é féin agus ní an fear óg a rinne é!

Comhchruinniú na Raighilleach

'Sé méid agus fuair mé pléisiúr d'fhág gan chéill mé i dtús m'óige,
Mo thír bhreá do thréigbháil agus mé bheith i ngéibheann cois Bóinne.
Beir míle beannacht agus céad uaim síos go Baile Óthraoin,
Chun na Raighilleach ceart dlíúil a bhéarfadh mé as príosún na
Bóinne.

The trout and the salmon are in the hollow of each mountain,
    And Ullahawn Dhuv O,
The little bald (i.e. hornless) fawn, and the speckled deer are leaping,
    And Ullahawn Dhuv O,
Sweeter far to me than the music of harp-strings
Each young maiden in Gaelic attire,
Hair to shoe like the amber with her,
    And Ullahawn Dhuv O.

There is more in this song, but it is not easy to put sense in the rest of it, it is so confused and through-other.

I said that the Carolan was always ready to help with his share of songs anybody who might be in want of assistance, and I must give here another example of his kindness.

There was in it (i.e., there was once), a young man, a servant or follower of the race of Reilly from the County Cavan, who was reared by them from the time he was a child, and whom they greatly loved. This lad committed some crime, — I do not know of what kind — and he fled from the County Cavan, as he was afraid of the race of O'Reilly, and came to Leinster. It was not long till he was taken and put in prison, and kept there for a long time. He was looking out on the window in the prison one day, and his head through the iron bars, when he saw the Carolan going by. He called him, and Carolan came to him and recognised him, as he had often seen him before in the house of the Reillys, whom he loved much. Carolan asked what brought him there, and he told his whole story to the bard, and asked him in the name of God to have mercy on him and get him some relief. Carolan considered with himself for a little while what was the best way to get the prisoner some assistance, and at last he composed the following song, and sent a written copy of it to every O'Reilly in the County Cavan, and when they received the song they did their utmost, and as their power was very great it was not long until the prisoner was let loose again. Here is the song. It is not worth much, but perhaps the bard feared to make it too good for fear the O'Reillys might think it was he himself and not the young man, who made it.

The Gathering of the Reillys

It is all the pleasure that I got, which left me without sense in the
    beginning of my youth,
To forsake my fine country, and to be in bonds beside the Boyne,
Take a thousand blessings and a hundred from me down to Bally
    Othraoin,
To the just, lawful Reillys, who shall bring me from the prison of
    the Boyne.

Tá buachaillí na Bóinne san tóir mo dhiaidh-se
Ní bhfuil suim acu in mo ghlórthaibh ná in mo cheoltaibh beaga
    fíobhram (*sic*),
Go mba míle slán do Bhaile Óthraoin 's do na Raighillíbh atá ríogúil
'S iad do bhéarfadh deoch le hól dúinn 's ba mhór an brón leo mé
    bheith i bpríosún.

A aon mhic ós tú tá éadrom ná géill do shléibhtibh ná do mhionlach,
Ná don tsneachta i gclár d'éadain dá séideadh le neart gaoithe,
Nó go n-aithriseoidh tú dhóibh mo scéala in éineacht 's i gcois
    ísioll[13]
Do bheartadh (*sic*) na féile is do Raighilligh an Bhaile an Mhínligh.

Is ar an taoibh dheas de Loch Saoileann ní thig féar ann ná fásach,
Ná iasc mar ba mhian linn, ach ag síor-dhul i dtráigh,
Ní thig cnó buí i mbarra craoibhe is ní líontar toradh gairdín,
Ó d'éag an dias Raighilleach de shliocht Mhílidh ón Spáinn.

Is trua sin, duine i ngéibheann, i bhfad óna chairdibh,
Agus is mall guth an aon uird (*sic*) ag dul in ionsaí a namhaid.
Tá mé féin i bpríosún agus mo chuimrigh[14] ar an ardRí,
Muna dtigid Raighilligh 's mo shábháil is mó dá ndíobháil 's dá náire!

Dá mairfeadh Maol Mórdha chuirfeadh cúl ar na céadtaibh,
A shamhail ní fhacamar aon am[15] faoi rása na gréine,
Dearbhaím daoibh go cinnte nach mbeinn féin i bhfad i ngéibheann,
Ach tá an réim seo le Gallaibh ó d'imigh Raighilligh is clann Néill
    uaim!

13   = *ós íseal.*
14   i.e. coimirce.
15   'anam' in aon sgríbhinn, 'ann am' i sgríbhinn eile.

The lads of the Boyne are after me in the pursuit,
They pay no heed to my voice, or my small . . . music.;
A thousand farewells to Bally Othraoin and the Reillys who are kingly,
'Tis they would give me a draught to drink, and great would their
    sorrow be me to be in prison.

Oh, one son (i.e., of God), since it's you who are light do not yield
    to mountains or to marshes?
Or to the snow in the forehead of your face blowing with strength
    of wind,
Until you tell to them my story, both together and privately (apart)
To the . . . of generosity, and to the O'Reillys of Ballinveenly.

On the right side of Lough Sheelin there comes neither grass nor
    growth,
Nor fish as we would desire, but continually going ebbing.
There comes no yellow nut on the top of the branch, and the fruit
    of the garden is not filled out,
Since died the two Reillys of the race of Milidh from Spain.

That is a pity! a man in bonds far from his friends,
And the voice of the one order (?) is slow going to meet the enemy.
I am in prison myself, and my protection (?) on the High King! (i.e.,
    I call on God to protect me),
If the Reillys come not to save me, greatly is it to their loss and their
    shame.

If Maolmordha were to be alive, who would cause the hundreds to
    turn their backs,
At no one time have we seen his equal under the race of the sun,
I assure ye certainly that I would not be long in bondage,
But the Galls (foreigners, English), have this victory since Reillys
    and Clan Neill have gone from me.

Amhráin Molta na mBan

5.7.1890 Tar éis na n-amhrán ócáideach do thug mé, a rinne an Cearbhallánach ar gach uile sórt ócáide, tosaím anso cuid de na dántaibh sin do chur síos do rinne sé féin agus na baird eile, ag moladh ban óg.

Ní raibh aon ní do mholaidís níos mionca agus níos toilteanaí ná maighdeana na hÉireann. Ach measaim nach mar gheall ar a scéimh amháin do thugaidís an mór-mholadh so, ach mar do bhí fhios acu go maith nach raibh aon ní lenar[1] chosúile le dea-thoil na mbunadh mór uasal do ghnóthú dhóibh féin ná iníon sciamhach an tí mhóir do ghlórú le dán nó le port milis.

Caithfimid cuimhniú insan am céanna nach raibh aon drong daoine ann ariamh do bhí níos tugtha do gach ní álainn, agus go mór-mhór d'áilleacht na mban, ná na baird, agus go raibh cuid acu ann a chaill a maoin agus a gclú agus a gcáil mar gheall ar an dúil do chuiridís i scéimh na mban — mar atá an Caisideach Bán i gConnachtaibh, an Mangaire Súgach i gCúige Mumhan agus mórán eile acu.

Bhí sean-bhuachaill i gContae Roscomáin deich mbliain agus ceithre fichid d'aois ar a gcuala mé caint, agus nuair a thigeadh sé isteach i dtigh ar bith ag iarraidh dí d'fhéachadh sé ciacu d'iníonaibh an tí ba dheise agus ba sciamhaí, agus is uaithe-se amháin do ghlacadh sé an deoch, ag rá i gcónaí 'cailín deas óg, an rud is deise in Éirinn'. Sin spiorad na seanbhard. Agus deir an Cearbhallánach, cé go raibh sé dall an t-am sin:

> Ba bhinne liom go mór ná ceol na dtéada
> Gach maighdean óg i gcórú gaelach,

Agus go deimhin measaim nach dtáinig ariamh ar an domhan bantracht ba ghéire i ndiaidh molta na mbard, ná baird ba réidhe le na mná do mholadh, ná mná agus baird na hÉireann.

> An lá nach bhféadaim bean a bhréagadh
> Níl an báire liom,

deir bard acu, agus deir bard eile:

> Is gur fairsing, fialmhar, fáinneach
> Tá mná deasa an tsaoil seo.

---

1 'Leudh' sa téacs.

CHAPTER II

Songs Praising Women

After the occasional songs which I have given, songs which the 5.7.1890 Carolan composed on every sort of occasion, I begin here to put down on paper some of those poems which he himself and the other bards made in praise of young women.

There was no one thing which they used to praise more often and more willingly than the maidens of Ireland. But I think it was not merely on account of their beauty they used to give them this great praise, but because they knew well that there was nothing more likely to gain for themselves the goodwill of the great and noble families than to glorify with a poem or a sweet tune the handsome daughter of the great house.

At the same time, however, we must remember that there never was any race of people more given up to everything that was lovely, and especially to the loveliness of women, than the bards, and that there were some of them who lost their wealth and fame and reputation on account of the delight they used to take in female beauty; as, for example, the White Cassidy in Connacht, the Mangaire Soogach (or merry merchant) in Munster, and many others of them.;

There was an old fellow in the county Roscommon of whom I have heard talk, ninety years of age, and whenever he used to come into any house looking for a drink, he would examine which of the daughters of the house was the prettiest and best-looking, and it was from her only he used to receive the drink, saying always, 'A nice young girl, the nicest thing in Ireland.' That was the spirit of the old bards, and Carolan says, though he was then blind:

> Sweeter far to me than music of harp strings
> Each young maiden in Gaelic attire.

And, indeed, I think there never came in the world ladies more eager after the praise of the bards, or bards more ready to praise ladies, than the ladies and bards of Erin.

> The day that I am unable to coax a woman
> I have lost the goal,

says a bard of them, and another bard says:

> Ah! how they are plenty, generous, ringletted,
> The pretty women of this world.

Ní thabharfaidh mé insan gcaibidil seo ach na dánta do bhí déanta ag moladh na mban sin a bhfuil fios againn ar a n-ainmneachaibh, ach is deacair é aon rud eile d'fháil amach dá dtaoibh ach na hainmneacha amháin. Tá na sean-bhunaidh agus na sean-shliochta, cuid mhór acu, scriosta amach as an tír.

Níl anois i gcuid mhóir de na seantithibh ina mbíodh spórt agus fíon Spáinneach agus comhluadar ban óg, ach sean-charnán cloch, agus tá na luibh-ghoirt agus na gairdíní a bhí timpeall a dtithe ina bhfásach fíor-ghránna. Tá cuid de na sean daoine uaisle imithe as an tír ar fad, agus cuid eile acu i mbochtanas agus in anró, agus na daoine a bhéarfadh eolas dúinn ar na mnáibh seo agus ar a sliocht, tá siad marbh anois. Ach dá mbeadh aon duine ann leith-chéad bliain ó shin le hiarraidh na sean-scéal agus na sean-amhrán so, ní bheadh deacracht ar bith acu a lán díobh do chruinniú. Níl mórán eolais eile againn inniu ach amháin go raibh a leithéid de mhnáibh ann.

Is é an chéad amhrán a bhéarfas mé anso, amhrán a rinne an Cearbhallánach do Mheidhbh Ní Mhullóidh do bhí de shloinneadh na Mullóidh sin do sheilbhigh mórán talún agus maoine in aice le Mainistir na Búille, i gcontae Roscomáin, agus lena bhfuil scríbhneoir an déantúis seo gaolach. Is é Port an Daraigh ainm na háite do bhí acu, agus bhí áit ard acu i gcónaí imeasc daoine uasal na tíre nó gur chailleadar a maoin le spórt agus le pléaráca, mar rinne mórán eile de na sean-uaislibh Gaelacha agus Gallda. Bhí an fear deireanach acu curtha leith-chéad bliain ó shin, le sochraid mhóir-mhóir, i meán-oíche, le solas na dtóirsí agus na gcoinneal, ar eagla nach leigfeadh na daoine sin ag a raibh airgead air, a chorp do bheith curtha, dá bhfeicfeadh siad é dá chur san lá.

Nuair thosaigh na hÉireannaigh — agus is náire shíoraí dhóibh é — an tseanteanga agus na sean-ainmneacha do thabhairt suas thiontaigh siad an tsean-ainm breá binn atá chomh clúiteach sin i stair na hÉireann .i. 'Meidhbh', go 'Maud', agus is cosúil nár glaodh 'Meidhbh' ar aon chailín le céad bliain anois, ach i gcónaí 'Maud' ina áit. Ag so an dán:

Meidhbh Ní Mhullóidh

Tá grá agam ar mhnaoi
Agus chrádh sí mo chroí
Agus is náireach an gníomh do shéanadh
Go mb'fhearr liom 'mo luí
Láimh léithi insan oích'
Ná in áit ar bith i gcrích Éireann.
Nach mé do rinne an gníomh
D'fhága mé caite críon,
Gan radharc i mo shúil ná léargas!

I shall give in this chapter the poems that were composed in praise of women whose names we know, but it is difficult to find out anything about them, except their names only. The old septs and old families are largely blotted out of the country. A great number of the old houses in which used to be sport and 'Spanish wine' and 'company of young women' are now only heaps of stone, and the orchards and gardens are horrid wildernesses. Some of the old nobility have left the country altogether, and more of them are in poverty and misery; and the people who could have given us information about these women and their races are dead now. But if there had been anyone half a hundred years ago to search out these old stories and old songs, there would not have been any difficulty in collecting a great number of them. We possess little more knowledge to-day, except that such women existed.

The first song which I shall give here is a song which Carolan made for Méve O'Mulloy, who was of the race of those Mulloys who inherited much land and riches near Boyle, in the county of Roscommon, and with whom the writer of these papers is connected by blood. Oakport was the name of their seat, and they always held a high place amongst the nobility of the country, until they lost their wealth by sport and revelry, as so many more of the old gentry, both Irish and Anglo-Irish, did. The last man of them was buried some fifty years ago, with an enormous funeral, in the middle of the night by the light of torches and candles, for fear that his creditors might not allow his body to be buried if they should see it being buried in daytime.

When the Irish began — and it is an eternal disgrace to them — to give up the old language and the old names, they changed the ancient, fine, sweet name of Méve or Mave, which is so celebrated in Irish history, to Maud, and it is probable that for the last hundred years no girl has been called Méve, but always Maud, instead of it. Here is the poem:

Méve Mulloy

I have love for a woman
And she has ruined my heart,
And to deny it were a shameful deed,
That I would sooner be
Beside her in the night
Than in any place in the land of Erin.
It is not I who did the deed
That left me spent and withered
Without sight in my eye or vision;

A rí tá i gcathair na naomh
Fág mé scoite[2] arís
Seal ar fud an tsaoil le pléisiúr.

A mhúirnín deas
Na gcúirnín[3] cas
Tá ag túirling ar gach taobh díot,
    's a shúil bhreá ghlas
    Mar dhrúcht ar an bhfaich'
Agus a ghrua ar dhath na gcaorchon.
    A béilín tana
    Déad mar an gcailc,
Is a taobh mar an sneachta sléibhe,
    Caol deas a mala
    Is séimh a leaca,
Agus is méanra don fhear a bhréag í.

A chuisle 'gus a stóir
Gluais liom insan ród,
Ar neamh-chead dá maireann ded' mhór-ghaoltaibh
    Gan airgead ná ór,
    Maoin ná stór,
Ach folamh gan fiú an éadaigh.
    Maidin dá ndeoin
    Ní scarfad leat go deo
Ach ag súgradh ar an nós céanna,
    Ar cuntar[4] ó go deo
    Nach dtiocfaidh orainn brón,
Ar mhala chnoic ná ar Shliabh mór Fhéidhlim.

Tá mo chroí dá shlad
Ní aithním caora thar mart
Le bliain mhóir fhada fá bhuaireadh;
    Codladh ciúin ná ceart
    Ní fhaighim ó mo shearc,
Is a Mhuire nach mór an trua sin.[5]
    Dá mbeinn-se (is) mo lon dubh seal
    Fá bhruach na dtom,
Agus mé mar bheadh éan i gcliabhán,
    Ghabhfainn í in mo 'thrap'
    Sul má dtéadh sí i bhfad,
Is ní móide do dhéanfainn díobháil.

2 *'sgaithe'(?) sa téacs.*
3 .i. na gcúilín, nó, na ndlaodh casta. *'Cúrnaoin' sa téacs.*
4 *'Cunndar' sa téacs*; = conradh nó margadh.
5 'an pian sin' sa ls.

Oh! King, who art in the City of the Saints,
  Leave me *free* again
For a while throughout the world with pleasure.

  Oh, pretty darling,
  Of the twisted locks
That are descending on every side of thee,
  And, oh, fine grey eye
  Like the dew upon the lawn,
And, oh, countenance of the colour of the dog-berry.
  Her mouth narrow,
  Teeth like the chalk,
And her side like the snow on the mountain,
  Slender, pretty, her forehead,
  Mild her cheek,
And it is happy for the man who coaxed her.

  Oh, my pulse and my treasure,
  Move with me in the road
(Even) without the leave of all who live of your great kin,
  Without money or gold,
  Goods or store,
But empty, without as much as raiment.
  In the morning with their leave
  I shall part from you never,
But sporting in the same fashion,
  On the condition, oh, always,
  That no grief shall come on us,
On the forehead of the hill on the great mountain of Felim.

  My heart is being spoliated,
  I know not a sheep from a beeve,
For a great long year, under trouble,
  A sleep quiet or night
  I get not, from my affection,
And, oh, Mary! is it not great the pain.
  If I and my blackbird were for a while
  Under the brink of the bushes,
And I as a bird would be in a cage,
  I would take her in my trap
  Before she would go far,
But none the more for that would I do (her) harm.

Rachaidh mé anonn
Is ceannóidh mé long,
Agus cuirfidh mé ar an Éirne í,
Ní leigfead aon neach ann
Gan scilling as gach ceann[6]
Ach amháin seo mar dtéid Meidhbh gheal.

Imeod 'mo cheannaí,
Ag radaireacht le mnaoi,
Agus ólfad a lán ar aontaibh,[7]
Dá ndéanfainn dubh den mbán
Agus caisleán ann, gach lá,
Níl maith ansin muna mbréagfainn Meidhbh gheal.

(*Ise ag freagairt*)

Dá dteinn-se riot[8] siar
Go talamh Uí Bhriain
Bheadh mo chairde 'mo dhiaidh buartha,[9]
Mar nach dtáinig mo chiall,
'S nach feasach mé ariamh
Ceannach ná díol do dhéanamh.
Do b'olc mo ghraithí[10] ar shliabh
Folamh riot gan bhia,
Gan againn ach an Faidh Faobhrach (?)
Is a dtáinig romham ariamh
Go ngolfainn-se 'na ndiaidh[11]
('S) nach gcaithfinn-se riot bliain de laethibh.

Go raibh míle slán
Do Mheidhbh Ní Mhullóidh[12]
'Sí an dea-bhean do b'fhearr dísle
Is í nach dtabharfadh a lámh
Do fhear ar bith le sparán[13]
Agus d'fhanfadh ar an ngrá díreach.
Is méanra mar atá
Maolra Mac Smáil
Is aige atá barr aoibhnis;
Ag an ngéag-bhruinneall bháin
Nach dtréigfeadh a grá
Dá séidfeadh an lá gaoithe.

6 'as a gceann' sa ls.
7 'aonaighib(h)' b'éidir.   8 Riot = leat.
9 *'baortha'* sa *téacs*; = buaidhrighthe.
10 'graitheach' = 'gnódh', i gConnachtaibh.
11 'fá mo dhéad' sa ls., rud nach dtuigim.
12 'na Mulloigh' sa ls.   13 *'Sráirn'* sa *téacs*.

58

I shall go over yonder
And I shall buy a ship
And I shall put her on the Erne,
I shall let nobody into her
Without a shilling for every head,
But only when bright Méve comes (?)
I shall go as a merchant
Trifling with a woman
And I shall drink a quantity at fairs (?)
If I were to (i.e., could) make black of white
And (build) a castle in it every day,
There is no good in that (for me) unless I could coax bright Méve.

(*She answers*)

If I were to go west with you
To the land of O'Brien
My friends would be troubled after me.
For my sense has not come
And I never was knowledgeable
To do either buying or selling.
Bad were my business on the mountains,
Empty with you without food,
With nothing by us but the keen (?) deer,
And all who ever came before me
How I would weep after them,
And I would not spend with you a year of days.

A thousand farewells
Be to Méve O'Mulloy,
She is the good woman, best in faithfulness,
It is she would not give her hand
To any man with contention [recte: *purse*],
But who would remain on the straight love.
It is happy how
Maolra Mac Smail is,
It is he who has the summit of bliss,
With the white branch-damsel,
Who would not forsake her love
Though the day of wind should blow.

Anois beidh cead éagnach ag cách,
Ó is éigean dúinn a rá,
Agus cead béicíl go hard i gcoilltibh.[14]
Scéal a chuaigh os ard,[15]
Beidh fir agus mná
(Ag) géar-ghol le gárthaibh[16] caointe.
Beidh Meidhbh Ní Mhullóidh
Agus Maolra Mac Smáil
Taobh istigh de spás míosa,
Gan geallúin ón bPápa
Ná cleirc a nótsa (?)
Ach ar chaol-leaba sáimh sínte.

12.7.1890 Is cinnte liom nach é an Cearbhallánach do chum an dán so ar fad.
Is cosúil go bhfuair sé an port ansin roimhe, agus nach ndearna sé
ach na briathra d'athrú agus véarsaí nua do chur leis. Tá an dán so
ar Mheidhbh Ní Mhullóidh an-chosúil le dán do bheir Ó Dálaigh
dúinn darb ainm 'Suirí Pheadair Uí Dhoirnín'. Bhí Ó Doirnín as
contae Thiobraid Árann [recte: *Lú*] agus rugadh é sa mbliain 1682,
ach cé go ndeir Ó Dálaigh gurb eisean do rinne an dán sin ar a nglaonn
sé Suirí Pheadair Uí Dhoirnín, is dóigh nach ndearna sé leis ach an
rud do rinne an Cearbhallánach .i. véarsaí nua do chur leis an tsean-
phort, agus na sean-bhriathra d'athrú rud beag. Is dóigh gur sine
ná Ó Doirnín agus ná an Cearbhallánach an dán so, agus gur Mala
Féidhlim is ainm ceart dó. Fuair mé féin amhrán in oileán Acail i
gcontae Mhaigh Eó ó fhear darb ainm Pádraig de Búrc agus tá sé
leath-bhealaigh idir amhrán an Chearbhallánaigh agus amhrán
Pheadair Uí Dhoirnín. Dúirt an fear óna bhfuair mise é, gur ar shíóg
do thit i ngrá le fear do rinneadh an t-amhrán ar dtús, ach measaim
féin nach bhfuil ann ach cóip eile den Mhala Féidhlim, athraithe
agus suaite tríd a chéile. Bhéarfaidh mé anso é go díreach mar fuair
mé é, mar shampla ar an gcaoi ina n-athraíonn na sean-amhráin seo
ó áit go háit, ó am go ham, agus ó chúige go cúige. Ba chóir a
chomhshamhlú le dán Uí Dhálaigh.[17] Tá cuid mhaith ann nach
dtuigim, ach is deacair é sean-amhrán d'fháil ó dhuine tíre anois gan
mórán focal do bheith ann nach dtuigfidh tusa ná an té ó bhfuair tú é.

14 'ag coilltibh' sa ls.
15 *'a chucidh gcois aird' sa téacs.*
16 'agus gartha' sa ls.
17 Féach 'Filidheacht Chúige Mumhan' le Ó Dálaigh, l. 107.

60

Now shall all have leave to complain
Since it is necessary for us to say it,
And leave to cry aloud in woods,
   A story that has gone into publicity,
   Men and women shall be
Bitterly crying with shouts of keening.
   Méve O'Mulloy
   And Maolra Mac Smail
Within the space of a month shall be
   Without promise from the Pope (?)
   Or clerk of the notary (?)
On a narrow gentle couch outstretched.

I am certain that it was not the Carolan who composed this poem   *12.7.1890*
throughout. It is likely that he found the air there before him, and
that he did nothing except merely to change the words and add new
verses to it. This poem on Méve O'Mulloy is very like a poem that
O'Daly gives us, called the 'Courtship of Peter O'Dornin.' O'Dornin
was from the county Tipperary [recte: *Louth*], and was born in the
year 1682; and, although O'Daly says it was he who composed this
poem, which he calls the 'Courtship of Peter O'Dornin,' it is probable
he only did to it the same thing that Carolan did — that was, to put
new verses to the old air, and to change the old words somewhat.
It is probable that this poem is older than either O'Dornin or Carolan,
and that 'The forehead, (i.e., bald mountain-head) of Felim (a
mountain in Tipperary)' is the proper name for it. I myself got a
song in the Island of Achill, in the county Mayo, from a man called
Patrick Burke, which is half way between Carolan's and Peter
O'Dornin's songs. The man from whom I got it said that it was about
a fairy who fell in love with a man that this song was originally
composed; but I think myself that it is only another version of the
Mala Felim changed and mixed up a little. I shall give it here exactly
as I found it, as an example of the way in which these old songs change
from place to place, from time to time, and from province to province.
It ought to be compared with O'Daly's poem.[1] There is a good deal
in it which I do not understand, but it is difficult to take down an
old song now from a countryman, without there being many words
in it which neither you nor he from whom you got it will understand.

---

1 See page 107 of O'Daly's *Munster Poetry*

Ar luí dhom síos go sáimh
Ar leaba caol ard
    Do facthas dom go dtáinig sí-bhean,
Ba ghile liom a bráid
Ná cúr na dtonn ar tráigh,
    Bhí a com seang aici gan smál, ba chaoine.
D'aithris sí go sáimh
Le briathraibh míne breá,
    'An i gcodladh libh atá na saoithe,
Nach ioma gleann agus mám
Do shiúlas le mo ghrá
    Faoi naipcín bán Shíle'.

A chogair (?) agus a chiabh (?)
Tugam teanam triall (*sic*)
    Gan atuirse go sliabh mór Féidhlim,
Is ann nach dtiocfaidh id' dhiaidh
Carad mór ná ciabú (?)
    Nó aon neach ag ar baol buaireadh.[18]
Beidh mé féin mar sciath
Cosanta id' dhiaidh
    A lile agus a ghrian ag éirí,
'S go marbhfainn duit mar bhia
An torc-alla agus an fia,
    Agus dhéanfainn carthanas den iar-chraoibhe.

Dá ngluaisfinn-se leat siar
Go dúiche Uí Bhriain
    Bheadh mo mhuintir 'mo dhiaidh go buartha,[19]
Níor tháinig mo chiall,
Níorbh fheasach mé riamh
    Ceannach ná díol do dhéanamh.
B'olc mo ghoile ar shliabh
Folamh fán gan bhia,
    Gan agam ach faol nó éunchon (?)
Gach ar thagair tú ariamh
Gholfainn-se mo dhíol
    Sul go gcaithfinn leat bliain de laethibh.

A chumainn agus a stóir
Ná bíodh ort brón
    Fhad is mhairfeas dom seórt(?) léine,

---

18 *'baothradh' sa téacs.*
19 *'baortha' sa téacs;* baortha, baothradh = buaidhrighthe, buaidhreadh

The Fairy Sweetheart

On lying down of me gently
Upon a couch high and narrow,
    It appeared to me that there came a fairy woman;
Her neck was, methought, whiter
Than the foam of the waves on the shore.
    Her form she had slender, without a spot, most refined;
She spoke gently
With smooth and fine words:
    'Is it asleep with ye, that the sages are?
Is it not many a glen and gorge
I walked with my love
    Beneath the white napkin of Sheelah?'

Oh . . . . . . and oh tress (?),
Let us take, let us haste, let us journey
    Without weariness to the great Mount of Felim.
It is there that there shall not come after thee
A great friend or a . . . . . .
    Or anyone who is in danger of trouble;
I myself shall be as a shield
Of protection behind thee,
    Oh lily, and oh rising sun,
And how I would slay for thee as food
The wild boar and the deer,
    And I would make friendship with the weasel (or squirrel).

If I were to proceed westward with thee
To the country of O'Brien,
    My people after me would be troubled,
My sense has not come yet,
    And I never was knowledgeable
In doing either buying or selling.
    Bad were my appetite upon the mountain
Empty, waste, without food,
    Except the wolf or the bird-hound (?)
And (in spite of) each (thing) ever you argued
I would cry my enough
    Before I spent a year of days with you.

Oh, affection, oh, treasure,
Let not grief be upon thee,
    As long as there shall remain to me a shirt,

Chumfainn duit-se bróg
Agus gúna den tsról
    Sin agus gach sórt éadaigh.
Déanfainn loingeas duit faoi seol
Níl ealaín[20] ar an domhan
    Nárbh fheasach mé 's nárbh eolach a dhéanamh,
Ach gan thú d'admháil go deo
Nach dtiocfadh ort brón
    Ar mhala liath mhóir Féidhlim.

Casadh maighdean mhodhúil
Ormsa insa ród,
    Thíos ó bhruach Loch Éirne;
'S gur ag Sligeach mhór na seol
Do scuaib mé uaithi póg,
    Is gur éalaigh sí uaim ar bhruach na Céise.[21]
Tharraing sí orm ceo
Draíochta, ag Gleann na Smól;
    Agus níl fhios agam cé thóg léithi,
Ach 'sé thuig mé as a glór
Nach bhfillfeadh sí níos mó,
    Ach tá súil agam go fóill léithi.

Chuaigh mise suas
(Uair eile) ar cuairt
    Ag ainnir na méara míne
'S é dúirt sí liom go ciúin
Fan thusa uaim,
    Ní thiocfaidh aon neach im' ghaor[22] ann,
Tá geataí leis an mbrú
Agus glasa air go crua,
    Agus is deacair an chruach a bhearnú,
Is d'fhailligh tú an uair
A bhí orainne (?) an suan,
    Is gan aon neach againn mar gharda.

Agus thíos ag Muileann Gearr
Do casadh orm mo ghrá,
    Is bhí fallaing ar a láimh chlí léithi,
D'éirigh sí go hard
Mar éan in aghaidh an aird
    Go ndeachamar go Páirc na Rígin (?)

20 *'ealadhain' sa téacs*; labharthar an focal so mar 'alluigheann' i
gConnachtaibh.
21 .i. Céis Cornain, sliabh mhór i gContae Shligigh.
22 = am ghar, .i. an aice liom.

I would shape for thee a shoe,
And a gown of the satin,
    That, and every kind of dress.
I would make shipping under sail for thee,
There is no science in the world
    That I was not skilled and knowledgeable in doing
Only for you never to admit
That grief would not come on you
    On the great grey forehead of Felim.

A courteous maiden
Met me in the road
    Down from the brink of Lough Erne,
And at great Sligo of the sails
Sure I swept from her a kiss,
    And sure she eloped from me at the brink of Kesh.[2]
She drew down a mist upon me
Of enchantment at Glennasmole (the vale of the thrushes)
    I know not who took with her,
But what I understood from her voice was
That she would return no more,
    Nevertheless I have hopes of (seeing) her yet.

I went up
Another time on a visit
    To the maiden of the smooth fingers,
'Twas what she quietly said to me:
'Do thou remain away from me,
    No one shall (can) come near me.
There are gates with (i.e., in) the fairy-mote,
And locks on it tightly,
    And it is difficult to make a gap in the hill,
And you neglected the time
That the slumber was upon us,
    And we without anyone to guard us.'

And down at Mullingar (the short mill)
My love met me,
    And there was a cloak with her in her left hand;
She rose up on high
Like a bird against the height
    Until we went to Park-na-Regan.

2 A mountain in Sligo.

Ghloadh sí ar an 'drá' r'
Fíon do chur ar chlár
Go n-ólfadh sí sláinte an rí-fhir,
Ní hé sin atá 'gam' chrá,
Ach thusa bheith ins gach cearn,
An arraing faoi mo lár 's mé ag caoineadh.

Is cosúil go bhfuil dá amhrán nó níos mó curtha tríd a chéile sa dán so, go díreach mar do bhí insan amhrán deireanach do thug mé, agus mar atá (creidim) san Suirí Pheadar Uí Dhoirnín, agus measaim gur cumadh iad uile ar lorg máthair-amhráin ba shine ná ceachtar acu mar chruthaíos an rann ar an torc alla agus an fia. B'ioma focal san dán so nár thuig mé go maith, agus is dóigh go bhfuil véarsaí eile caillte as. Dúirt an fear liom gur ar Shíóg do bhí i ngrá le fear éigin do rinneadh an dán, ach tá cuid de mar dúirt mé, a bhaineas le Sliabh Mór Féilim agus cuid eile le hamhrán an Cearbhallánaigh; ach is an-bheag de na píosaibh atá le fáil anois ó bhéal na ndaoine nach bhfuil sa riocht briste céanna. Bhéarfaidh mé anois dán do rinne an Cearrbhallánach do Mháire Ní Channa éigin. Labhraibh seisean an dá chéad rann, agus tá sise á fhreagairt sa dá rann eile.

Máire Ní Channa

A Mháire Ní Channa gluais thusa liom féin,
Is gheobhaidh tú céad fáilte,
Gluaisfimid araon as Connachtaibh na mbréag,
Agus téam thar Bhéal Bearnais.

Geobhaidh tú méad, uisce beatha bhéas daor,[23]
Café más é is fearr leat,
Rum agus tae agus fíon as an nGréig,
Agus oiread Loch Cé de bhrannda.

(Ise ag freagairt)

Ní rachaidh mé anonn ná go Sligeach na long,
Is fada liom uaim Bearnas,
Tá mo cheann tinn le (a) gcanann tú do ghreann,
Ní bhfuighfidh tú ar faill Máire.

A staraí na lúb ná bain thusa fúm,
Seachain ort mo chlúid fhásaigh,
Dar[24] m'fhocal duit ar dtús nach measa liom thú,
Ná an fear atá ar chúl cearda.

23 Aliter, "Gheobhaidh tú an meud beath' uisce bhéidheas 'there!' "
24 'Air' sa ls.

She called upon the drawer
To put wine upon the table
    Till she drank the health of the king-man;
It is not that which is troubling me
But thee to be in every corner,
    The pang beneath my middle, and I keening.

It is probable there are two songs or more mixed up through each other in this poem also, just as there were in the last song I gave, and just as I suspect there are in O'Daly's 'Peter O'Dornin's Courtship,' all founded upon a mother-song older than any of them, as, indeed, the verse:

    I would kill for food for you
    The wild boar and the deer,

seems to show. There was many a word in this I did not well understand, and, no doubt, verses are missing. The man told me it was about a Sheehogue who was in love with a man that the song was made; but there is, as I have said, a part of it which belongs to the 'Mount of Felim,' and another part of it to Carolan's song; but there are very few pieces to be had now from the mouth of the people that are not in the same broken condition.

I shall now give a poem which Carolan composed for one Mary Magann. He speaks the first two verses, and she is answering him in the second two:

Mary Magann

O Mary Nee Conna, travel with me, thyself,
    And thou shalt get a hundred welcomes;
We shall travel together out of Connacht of the lies
    And let us go beyond the mouth of Barnas.[3]

Thou shalt get mead, water-of-life that will be dear,
    Coffee, if that is what thou likest best,
Rum, tea, wine out of Greece,
    And as much as Lough Cé of brandy.

(She answers)

I shall not go over there with you, nor to Sligo of the ships,
    I think it a long distance Barnas is from me;
My head is sick with all the funny things you talk,
    You will not get Mary at a disadvantage.

You story-teller of the loops (deceit) have nothing to say to me,
    Avoid for yourself my corner of desert,
By my word to you, first of all, I think not worse of you
    Than the man who is at the back of a forge (?)

3 In Donegal

Ní cosúil é seo le hobair an Chearbhallánaigh, ach fuair mé a ainm-sean leis insan dá scríbhinn ina bhfuaireas é. Ag so dán eile a bhfuil a ainm os a chionn, agus is cosúile gur leis-sean é seo ná an ceann eile.

Fáilte Dhuit san Dún so

Fáilte dhuit san dún so, a iníon Choirnéil Fhuadaigh,
A réalt tháinig aduaidh orainn, is snua ceart thar mhnáibh
'Bhfuil a cneis mar sneachta in uaigneas 's an ghrian ag lasadh
      suas leis
Gach ciabh bhreá chasta chuach-bhláith a' scuabadh go lár.

An fhialmhar mhilis uasal chiallmhar chliste ghrua-dhearg,
'S gach briathar do shilfeadh uaithi go bhfuasclódh a lán,
Níl tréan ná barún uasal ná tiarna beannach buacach
Dá fhaca riamh an stáid-bhean nach bhfuil buailte dá grá.

'Sí Phoénics díleas Ultach péarla maoith-gheal muirneach
Siúr bheag Naoise re mbronntar na trom-cheatha ar ghrá,
'Bhfuil snua na gcaor go soilseach i dtús an aeir go cumsaidh
Buaileadh i gcruth i gcoimcheart re fíon is garthoinn bán.[25]

Tá suairceas uaisle intreacht[26] is bua na mílte milseacht,
Dob áil liom féin 'gá insin, ina hintinn thar mhnáibh
'S dúirt an chuach bheag dhualach thrilseach go mba buacach
      thusa Welshach
Go suáilceach[28] binn blasta os cionn gach leabhair báin.

Fáilte 'is fiche don lánúin, don leanbh fionn-bhán deas fáinneach
A bhfuil sáith rí na Fraince insan bpáistín re scéimh,
Mar Narsusas ina áille[29] nó Absalon mac Dháibhí,
Nó Páris mac Phriamus thug banríon ón nGréig.

Scáthán diagachta ón mbarr-shlait, tháinig eatarthu ris an mbláth
      ceart,
An brainse fíor ón ngairdín le n-ardóchaí an séan,
Go gcumhdaí rí na ngrásta mac na míosa slán duit,
Go dtiocfaidh aois is fás dó, le barr maise is méid.

25 'Bualadh a gcrice a gcum cheart le fíon sgarúin bán," i ls. eile, ach ní thuigim ceachtar aca.
26 'Inntleacht' .i. geur-inntinn, críonacht.
27 'God, b'áill' sa ls.
28 'Suaimhneach, subháilceach' sna lsí; ní thuigim an líne seo.
29 'na mar Áille' sa ls.

This is not like Carolan's work, but I found his name to it in the two MSS. in which I got it. Here is another poem which has his name over it, and it is more likely that this is his than the other one.

Welcome to this Mansion

Welcome to thee into this mansion, oh, daughter of Colonel
    Fuadaigh;
  Oh star that rose upon us from the North, of right beauty beyond
    women,
Whose skin is like snow in solitude, and the sun lighting it up,
  Each fine-twisted, ringlet-flowered tress, sweeping to the floor.

The generous, sweet, noble, clever, sensible, red-cheeked one,
  And every word she would drop from her, it would relieve a
    number;
There is no mighty one, or noble baron, or peaky beauish lord
  Who has ever seen the stately woman, that is not stricken with
    her love.

She is the dear Ultonian Phoenix, the soft-white darling pearl,
  The little sister of Naoise, on whom are bestowed the heavy
    showers of love,
Whose countenance of the berries is shining in the beginning
    (morning?) air, neatly,
  In form and right shape she was moulded with wine and
    white . . .

There is pleasantry, nobility, intellect, and the virtue
  of thousands of sweetnesses—
  I like myself to be telling it — in her mind beyond women,
And the little tressy, wavy-haired cuckoo said that you, Walsh, were
    surpassing
    Pleasant, eloquent, racy, over (i.e., reading and interpreting) every
    white book.

A welcome and a hundred to the couple, to the fair-white, lovely,
    ringletted child,
  The childeen in whom, for beauty, the King of France would
    have enough.
Like Narcissus in his loveliness, Absalon MacDavid,
  Or Paris MacPriamus, who took from Greece a queen.

Mirror of Divinity from the top-rod, that came among them with
    the right blossom,
  The true branch from the garden, by which prosperity might
    be heightened.
May the King of Graces keep the child of the month safe for thee,
  Till age and growth come to it, with top of beauty and of size.

Tá dhá bhéarsa eile sa dán so ag moladh an Bhreathnaigh ach ní bheirim iad, óir ní soiléir iad.

Bhéarfaidh mé anois amhrán eile do rinne Ó Cearbhalláin mar deir mo lámhscríbhinní-se, ach níl aon amhras orm nach raibh níos mó ná aon amhrán ar an bhfonn céanna, agus b'fhéidir go bhfuil sé i bhfad níos sine ná aimsir an Chearbhallánaigh. Do bheir Seán Ó Dálaigh — fear nach bhfuair ariamh a sháith molta ar son an mhéid do rinne sé i gcúis na n-amhrán Muimhneach — amhrán dúinn ar a nglaonn sé 'Bean Dubh an Ghleanna',[30] agus tá cuid de an-chosúil leis an dán so an Chearbhallánaigh. Deir seisean gurbh é Éamonn an chnoic Ó Riain do rinne an t-amhrán atá in a leabhar-san, timpeall na bliana 1730-40. Tá an fonn an-tsimplí agus an-bhinn. Ag so an dán mar fuair mise é:

Mall Dubh an Ghleanna

Is ag Mall Dubh an ghleanna
Tá mo ghrá-sa i dtaisce,
   Is í nach bhfuair guth ná náire,
Is cuibhiúil múinte maiseach
Dúirt sí liom ar maidin:
   'Imigh is ná féach go bráth mé',
Níl ógánach deas
Ó Mhumhain go Tuaim 's go Gaillimh
   Ná ó sin go Laighnidh Uí Eaghra,
Nach bhfuil triall chun an ghleanna
Ar eachraibh slíocraidh sleamhain,
   (Ag) feitheamh ar an mbean dubh is áille.

Dá bhfaighinn-se bean ón bPrionsach
Is bean ón Loinseach
   Agus bean eile ó rí Seoirse
Iníon Choirnéil Bingam
Is í do bheith le fonn liom,
   Nó bean eile agus míle bó léi,
Iníon óg an iarla
Is í do bheith go priaclach
   Dá m'iarraidh féin le pósadh,
Mná deas' an domhain
Dá bhfaighinn orthu mo roghain
   Is Mall Dubh an Ghleanna thógfainn.

Gairim thú a shiúir,
Gairim thú a rúin,
   Agus gairim thú naoi n-uaire,

---

30 Fch. *Filidheacht Chúige Mumhan* Cuid I, l. 185.

There are two other verses in this poem in praise of this Walsh, but *19.7.18* I do not give them here, for they are not very clear.

I shall now give another song which, according to my manuscript, Carolan composed, but I have no doubt that there were more than one song to the same air, and it is possible that it is far older than the time of Carolan. John O'Daly — a man who has never received sufficient praise for all he did in the case of the Munster songs — gives us a poem, which he called the 'Dark Woman of the Valley,' and part of it is exceedingly like this poem of the Carolan's. He says that it was Ned of the Hills, O'Ryan, who composed the poem which is in his book, about the year 1730-40. The air is very simple and very sweet. This is the song as I found it:

Dark Moll of the Valley

It is with Dark Moll of the Valley
My love is laid-up-in-keeping,
   It is she who never got a voice (i.e., blame) or shame,
'T was becomingly mannerly fairly
She said to me in the morning,
   'Depart, and see me not for ever.'
There is no handsome youth
From Munster to Tuam and to Galway,
   Or from that to Leyney of O'Hara,
Who is not journeying to the valley
On sleek smooth steeds,
   Waiting on the most lovely Dark Woman.

If I were to get a wife from the French
And a wife from the Lynch,
   And another wife from King George;
The daughter of Colonel Bingham,
And she to be with me with pleasure,
   Or another woman, and a thousand cows with her,
The young daughter of the Earl,
And she to be eagerly
   Seeking for myself to wed me,
The handsome women of the world
If I were to get of them my choice,
   It is Dark Moll of the Valley I would choose.

I call on thee, oh, sister,
I call on thee, oh, secret,
   And I call on thee nine times,

Gairim-se do chúl
Tá feamainneach breá dlúth,
   Is gairim-se do chom deas uasal.
Gairim-se arís thú a ghrá
Tá m'anam ar do láimh,
   Muna dtige tusa tráth agus fuascailt,
Cosain mise ón éag
Feasta a choích' dhuit féin,
   A ainnir chaoin na gcéadfa ró-dheas.

Tá branndaí agus beoir
Ar cheart-lár an róid
   Agus cláiréad ar an nós céanna;
Bantracht ban óg
Le siúl leat insan ród
   Sin is dul i gcóiste shé n-each,
Gheobhair síoda agus sról
(Ag) sileadh leat go leor
   Cathaoir agus bord-éadain,
Is nach fearr sin a stóir,
Agus éaló liom, a stóir,
   Ná cónaí faoi bhrón in Éirinn.

Ní thig liom aon rud dob fhearr dhéanamh anois ná an dá véarsa san 'Bean Dubh an Ghleanna' Muimhneach do chur síos anso, le taispeáint na caoi ina n-athraíonn na sean-amhráin seo. Níl acht an dá véarsa insan dá amhrán atá cosúil le chéile. Ag seo mar fuair Ó Dálaigh i gCúige Mumhan iad:

Níl ógánach cailce
Ó Bh'l' á Cliath go Gaillimh
   Ná as súd go Tuama Uí Mheára,
Nach bhfuil ag triall 's ag tarraing
Ar eachaibh donna deasa
   Ag tnúth leis an mBean Dubh álainn.
Gheabhainn-se bean sa Mumhain,
Triúr ban i Laighean
   Agus bean ó' rí geal Seoirse
Bean na lúbadh buí
D'fháiscioch mé lena croí
   Bean agus dá mhíle bó léi.
Iníon óg an Iarla
Atá go tinn dubhach diacrach
   Ag iarraidh mise d'fháil le pósadh;
'S dá bhfaighinn-se féin mo rogha
De mhná deasa an domhain
   Is í an bhean dubh ón nGleann dob fhearr liom

I call on thy locks
That are like sea-weed, beautiful, close,
   And I call on your form lovely noble.
I call on thee again, oh, love,
My soul is on thy hand,
   Unless thou comest to me on a time and (bringest) relief,
Protect me from the death
Henceforth for ever, for thyself,
   Oh, mild maiden of the exceeding-lovely sensibilities.

There is brandy and beer
On the middle of the road,
   And claret in the same fashion,
A female-company of young women
To walk with thee in the road,
   That, and to go in a coach of six horses.
Thou shalt get silk and satin,
Distilling plentifully with thee,
   Chair and side-board (?)
And is not that better, my treasure,
And to elope with me, my treasure,
   Than to live under grief in Erin.

I cannot do anything better now than to write down the two verses of the Munster 'Dark Woman of the Valley,' in order to show the way these old songs change. There are only these two verses in the songs that resemble each other. Here is how O'Daly found it in Munster:

There is no chalk-white youth
From Dublin to Galway
   Nor from that to Toomivara,
Who is not journeying and drawing
On brown handsome horses,
   In envy of the Dark Fair Woman.
I would get a wife in Munster,
Three wifes in Leinster,
   And a wife from bright King George,
A wife of the yellow ringlets
Who would press me to her heart,
   A wife and two thousand cows with her,
The young daughter of the Earl,
Who is sick, sorrowful, anxious
   Seeking to get me to marry.
And were I to get my choice, myself,
Of the fair women of the world,
   'Tis the Dark Woman from the Valley I would prefer.

Chímid anso go bhfuil ainmneacha agus focail athraithe de réir spioraid agus intinne an dá chúige. Deir an Muimhneach nach bhfuil ógánach ó Bh'l' á Cliath go Gaillimh agus as sin go Tuama Uí Mheára, agus deir an Connachtach ag labhairt ar áiteachaibh ar a raibh glaneolas aige féin, nach raibh aon ógfhear ó Mhumhain go Tuaim nó go Gaillimh nó go Laighne Uí Eaghra. Agus do bheir an bard Connachtach ainmneacha na mban óg a bhí réidh lena phósadh .i. ainmneacha Connachtacha uile. Ar an ábhar sin measaim nach raibh lámh ar bith ag Ó Cearbhalláin insan amhrán so, munar chuir sé véarsa eile nó dhó leis an tsean fhonn, agus leis na sean-bhriathraibh, ag tógáil seomra nua ar an tsean chloch-bhonn.

Tá cóip eile agam scríofa le Dónall Mac Consaidín as Contae an Chláir atá an-chosúil le cóip Uí Dhálaigh, ach níl sé chomh cosúil léi nach fiú a thabhairt anso. Níl sé scríofa ins na líntibh gearra ina scríobhthar dán Uí Dhálaigh, ach chífidh an léitheoir ar an móimid gur insan miosúr céanna é:

Pol Dubh an Ghleanna

Atá bó agam ar sliabh, is fada mé 'na diaidh, is do chaill mé mo chiall
le nóchar,
Dá seoladh soir (is) siar is gach áit a ngabhann an ghrian, nó go
bhfilleann sí aniar (san) tráthnóna,
Nuair a fhéachaim-se anonn san mbaile a bhfuil mo rún, titeann óm
shúil ghlais deora,
A Dhia mhóir na ngrás, tabhair fuascailt ar mo chás is gur bean dubh
a d'fhág fá bhrón mé.

(An) té chífeadh mo theach 's gan de dhíon air ach seasc, is é déanta
ar thaoibh an bhóthair,
Go dtagann an bheach is go ndéanann an nead le grian agus le teas
an fhómhair.
Nuair chríonann an tslat ní fhanann uirthi meas mar bhíonn ar an
mbuinne is óige,
'S a chúil álainn deas a dtug mo chroí dhuit gean, cuirim slán agus
céad go deo leat.

Do gheabhainn bean Mhuimhneach, do gheabhainn bean Laighneach,
do gheabhainn bean agus dá mhíle bó léi,
'Sí bean na bhfáinní buí an bhean do chrádh mo chroí, nó bean eile
as an tír-se Sheoirse.
Atá iníon ag an Iarla, is tá sí go diacrach ag iarraidh mise fháil le
pósadh,
Is dá bhfaighinn-se mo rogha de mhnáibh deasa an domhain is í Pol
Dubh an Ghleanna b'fhearr liom.

74

We see here how the names and words are changed according to the spirit and mind of the two provinces. The Mononian says that there is no youth from Munster to Galway and from that to Toomivara, and the Connacian says, speaking of places about which he had himself full knowledge, that there was no young man from Munster to Tuam, or from Galway to Leyney of the O'Hara, and the Connacht bard gives the names of the young women who were ready to marry him — Connacht names all of them. For this reason I think that Carolan had no hand in this song, unless that he added another verse or two to the old air and old words, raising a new room on the old foundation.

I have, however, another version of this song written by Domhnal Mac Consaidin, of the county Clare, which is very like O'Daly's version, but it is not so like it as not to make it worth while to give it here. It is not written in the short lines in which O'Daly's poem is written, but the reader will see on the moment that it is the same metre:

Dark Poll of the Valley

I have a cow upon the mountain, it is long I am after her, and I have
    lost my sense with a consort,
Driving her east and west, and every place the sun goes, until it returns
    westwards in the evening.
When I look over yonder on the village where my secret is, tears
    fall from my grey eye,
Oh, great God of the graces, give me relief in my case, for it is the
    Dark Woman who has left me in grief.

Whosoever would see my house, without any cover on it but bent,
    and it made upon the side of the road,
Sure the bee comes and makes the nest with sun and heat of the
    harvest.
When withers the rod there remains not fruit on it, as there does
    be on the youngest sprout,
And, oh, beautiful lovely head-of-locks to whom my heart has given
    affection, I send with you a farewell and a hundred for ever.

I would get a Munster woman, I would get a Leinster woman, I would
    get a woman and two thousand cows with her,
It is the woman of the yellow ringlets, the woman who ruined my
    heart, or another woman from this George's country.
The Earl has a daughter and she is diligent seeking to get me to marry,
And if I were to get my choice of the fair women of the world, it
    is Dark Poll of the Valley I would prefer.

'Sí Pol Dubh an Ghleanna, 'sí Pol Dubh dob fhearra, 'sí Pol Dubh
    ba ghile breátha í,
A píb mar an eala, a héadan mar shneachta, 's a com seang singil
    álainn.
A dá láimhín Mhuire na gcúig méara fuinte, do shíolraigh ón maighre
    mhánla,
Nuair ghabhann an eala amach cailleann an ghrian a teas agus
    umhlaíonn an ghealach le grá dhi.

26.7.1890   Bhéarfaid mé amhrán eile anso, tá níos cosúile go mór le filíocht
an Chearbhallánaigh ná an t-amhrán thuas, ach ní bhfuair mé amach
an é féin nó bard eile do rinne é, nó rud ar bith eile dá thaoibh.

Móirín Ní Dhubhda

'Sí Móirín[31] Ní Dhubhda
An planda maiseach múinte
    Is meabhlach a súile 'gus a gáire,
'Sí bláth na n-úll cúrtha
'S na gcnó tá milis dúnta
    Is fada mise ag caoi dá grá-sa.

Mo léan! gan mé 's tú
Amuigh i gCúige Mumhan
    Ná i gcoilltibh dubh' dorcha fásaigh
Sheinnfinn-se tiúin duit
Ar bharr mo fhliúit
    Ba bhinne ná na cuacha ar na fáltaibh.

Má théann tú ag iarraidh céile
Téirigh[32] go 'sign' na gréine
    'S ansin gheobhaidh tú scéimh gach áille,
Gheobhaidh tú féirín;
Ó Shúsaí iníon[33] Shéamais
    Maighre na gruaige báine.

'Sí is finne gile glégil'
Ná an eala tá ar an Éirne;
    A leaca dhearg shéimh agus a bráid gheal;
'S gur ar an taoibh seo de mhala[34] sléibhe
Tá sáith an rí de chéile
    Is gur cailleadh na céadta dá grá-sa.

31 Ní léar dham cad é an t-ainm seo mar fuair mé san láimhsgríbhinn é, tá
sé níos cosmhúile le 'Mouda' ná le 'Móirín'.
32 = Téidh.
33 'Inghin báin Sheumas' sa ls.
34 'Mallaigh' sa ls.

She is Dark Poll of the Valley, she is Dark Poll that was best, she
is the Dark Poll that was brightest and finest,
Her throat like the swan, her countenance like the snow, and her
form slender, single (?), handsome.
Her two Mary's-hands, of the five-kneaded (?) fingers, which are
descended from the meek maiden;
When my swan goes abroad the sun loses her heat, and the moon
does obeisance with love to her.

I shall give here another song which is much more like Carolan's   *26.7.1890*
poetry than the last one, but I have not discovered whether it was
himself or some other bard who composed it, or, indeed, anything
else about it.

Moreen nee Dooda

It is Moreen nee Dooda
Is the pleasant, well-mannered plant.
  It is guileful her eyes and laugh are,
She is the blossom of the fragrant apples
And of the nuts that are sweet and closed,
  It is long I am crying on account of her love.

My grief that I and you
Are not out in Munster province,
  Or in black dark desert woods,
I would play thee a tune
On the top of my flute,
  That were sweeter than the cuckoos on the hedges.

If you go seeking a consort
Go to the sign of the sun,
  It is there you will get the beauty of every loveliness;
You will get a fairing
From Susy, daughter of Shamus,
  The maiden of the fair hair.

It is she is fairer, whiter, brighter
Than the swan that is on the Erne,
  And her cheeks ruddy mild, and her neck bright;
And sure on this side of the mountain brow
(There is one in whom) the king has (i.e., would have) enough
of a consort,
And sure the hundreds were lost with love for her.

Tá Búrcaigh agus Brúnaigh
'S ní airmhím clann Mulrúnaigh
Agus muintir Chúige Mumhan cur slán leat,
Lucht fearainn agus dúiche,
Iarlaí agus diúcaí,
Is an méid sin ag caoi ded ghrá-sa.

Dá bhfaighinn-se ó rí na ndúil
Cead amhairc ar an gcúilín,
Rachainn ar mo ghlúnaibh go Droichead Átha,
Is buaidh na cúig cúige
Le maise agus le múineadh
'S gur ag Móirín Ní Dhubhda tá sé.

Tá bunadh Chúige Laighean
Dul ar cuairt fá do dhéin-se
A mhaighdean (bí) go meidhreach amárach;
Mar atá Eustásaigh
'S Mac Murchadh na méith-mhart
Is an méid sin uile i ngrá leat.

Go leor de Mhuintir Chuileanáin
Ó shléibhtibh Dhún Dealgain
Is ní airmhím na fir chalma ón dTriúchain,
Is a bhfuil ó shliabh na Céise
Go Droichead Lios na nGearaltach
(Ag) tarraing ar Mhóirín Ní Dhubhda

Seo amhrán eile do bhí cumtha in onóir Chití Nic Aodha éigin, ach ní feasach mé aon rud eile dá taoibh; is cosúile, dar liomsa, é le píosa Ultach ná le píosa Connachtach, cé gur i scríbhinn Chonnachtaigh fuaireas é.

Cití Nic Aodha

A Chití na gcuach
An trua leat mise bheith tinn,
'S nuair c(h)luinim thú dod lua
Gluaiseann allas mo chinn.
Titeann mo ghruaig
'Na dualaibh ó mhullach mo chinn,
Is déantar dom uaigh
An uair úd a scarfas tú liom.

Is fada mé féin
Ag déanamh lionna[35] san gcoill

---

35 Deir sé seo le greann, cialluigheann sé 'lionn-dubh' .i. brón.

There are Burkes, there are Browns,
And I do not count Clan Mulrooney,
   And the people of Munster, too, bidding thee farewell,
Men of lands and estates,
Earls, and dukes,
   And all those weeping for your love.

If I were to get from the king of the elements
Leave to look at the *cooleen*
   I would go on my knees to Drogheda,
And the victory over the five provinces
For beauty and for manners
   Sure Moreen nee Dooda has it.

The race of the province of Leinster
Are going visiting, unto thee,
   Oh, maiden, be merry to-morrow,
Namely, the Eustaces
And MacMurrough of the fatted kine,
   And all that number in love with thee.

Plenty of the race of Cullinan
From the mountains of Dundaligin (Dundalk),
   And I count not the valiant men from Truagh (in Monaghan),
And all who are from the Mount of Kesh (in Sligo)
To the bridge of the Geraldine's fort,
   Are drawing towards Moreen nee Dooda.

Here is another song that was composed in honour of one Kitty
MacKay or MacHugh, but I know nothing more about her. It is more
like, I think, an Ulster piece than a Connacht one, though it was
in a Connacht manuscript I found it.

Kitty MacKay

Oh, Kitty of the tresses,
   Dost thou think it a pity me to be ill,
And when I hear of your being betrothed
   The perspiration of my head moves.
Falls my hair
   In locks from the crown of my head,
And let there be made for me a grave
   That hour that you shall part from me.

Long time am I myself
   Making ale (or lamentation, a play on words) in the wood,

Níorbh fhoras dom é
'S gan aon ghráinne braiche agam ann,
Duilliúr na gcraobh
Agus iad ag déanamh fascaidh os mo chionn,
Agus seacht m'anam déag thú,
Ag féachaint orm anall.

A Chití bheag bhán
Tabhair spás dom go dtige an Fhéil' Eoin,
'S go bhfuil na daoine 'gá rá
Gur ar mo láimh bheas tú go fóill.
Cailín triopallach scáinteach (?)
Fite mar ór,
'S go bhfuil 'gá rá gur tú a ghrá
Má leanann tú dhó.

Tabhair litir dhom scríofa
Síos go tigh Chalbach Uí Néill,
Is chun an tsagairt Mhic Aodha
Fear an chroí a chreidfeadh mo scéal,
Go bhfuil mé 'mo luí
Le mí ar leaba ag an éag
Is Cití Nic Aodha
Le gach aon mar thogair[36] sí féin.

Nuair a mholadh an Cearbhallánach ógbhean, ní spáráileadh sé a
theanga féin, agus ní leigeadh sé aon fhaill don mhaighdin óig bheith
ag ceasacht air. Ag so cúpla véarsa do rinne sé ar Bhríd Crús, dá
dtug sé grá agus é óg:

Bríd Crús

'Sí Bhénus na finne
An péarla maiseach linbh
Agus féachadh gach duine an chúis mar is cóir,
'S gur ina héadan tá an lile
Is báine is is gile[37]
Dréim an tsaoil — le buille ag spáirn leis an rós.

Féachaigí sibhse
Comhrac na deise
An báire ní chaillfidh an rós dá dheoin,
Buaidh ní thabharfaidh an lile
A dhia nach cruaidh an imirt 7rl

36 'Dagair' sa ls.
37 'geimhreadh na gille' sa ls., líne nach dtuigim.

It was not easy for me,
  Without my having one grain of malt there.
The foliage of the boughs,
  And they making a shelter over my head,
And my seventeen souls, you,
  Looking over at me.

Oh, little white Kitty,
  Give me time till St John's Eve comes,
And sure the people are saying
  That you will be in my hand yet.
Clustering parted (?) *coleen*,
  Woven like gold,
And sure it is said that you are his love
  If you follow on to it.

Give to me a letter written
  Down to the house of Calbhach O'Neill,
And to the priest, MacAodha,
  The man of the heart, who would believe my tale.
How that I am lying,
  For a month on a couch, with the Death,
And Kitty MacKay
  With everyone as she chose herself.

When Carolan would laud a young woman he used not to spare
his tongue on her, or to leave the young maiden any occasion for
complaining of him. Here are a couple of verses which he composed
for Bridget Cruise, to whom he gave his love and he young:

Bridget Cruise

She is the Venus of the whiteness,
The lovely pearl of a child,
  And let each person try the case as is right;
And sure in her countenance there is the lily
Whitest and brightest—
  A combat of the world — madly wrestling with the rose.
Behold ye
The combat of the pair.
  The goal — the rose will not lose it of her will;
Victory — the lily cannot gain it.
O God! is it not the hard play (i.e., struggle), &c.

Ní lú ná sin an moladh iomarcach agus na briathra boga bréagacha do chan sé le Fanní Ní Cheallaigh. Ag so dá rann as mhórán, mar shampla:

Nuair éiríonn sí go moch ar maidin
Leigheasann sí na mílte ó pheaca,
Nuair chífeá clár a héadain
   Nó rud[38] beag dá grá,
Tá múineadh, maise 's méin aici,
Is amharc maiseach maorga aici,
   An dea-bhean dob aoibhne cáil.
Cuach na meala
Grua ar lasadh
Is í tá maiseach módhúil
Do scéimh gur mhearaigh
Na mílte ar talamh
Dá gcuala a binn-ghlór
Siúd í an síogaí[39] is uaisle
An lóchrann naofa
'S an chraobh ó fhlaitheas.

2.8.1890   Bhéarfaidh má amhrán anso do cumadh, is dóigh liom, le fear éigin do thug grá do chailín Connachtach, do bhí ina searbhónta, nó rud mar sin, i gCúige Laighean nó i gCúige Uladh; óir measaim gur amhrán Laighneach nó Ultach an ceann so. Is dóigh go dtug an cailín í féin don bhard, agus go raibh na mná ag cur mí-chlú uirthi, agus á cáineadh, agus go ndearna an bard, cibé ar bith é, an t-amhrán so leis na mná do chur ó mhaslú a ghrá-san. Tá cúpla rann de agus tá siad ró mhí-náireach le cur síos, ach seo an chuid eile dhe:

Anna Ní Scanláin

Ní bheinn-se féin 'gá shéanadh
   Dá dtabharfadh mac dom,[40] Áine,
'S gan fhios nach bhfaigheadh féidhm
   Leis an gcine mór dá cairdibh

Cá bhfios nach dochtúir leighis é
   A dhéanfadh teagasc sláinte (?)
'S cé dhéarfadh arís nach easpag é
   Sagart mór ná bráthair!

Seanchaí eolach snua-fhoclach
   Fear dlí ná fear dána
Ná cruitire an téidín chaoin
   Is binne sheinnfeadh ar chláirsigh. (!)

38 'read' sa ls.   39 'sigh-ghaoithe' sa ls.   40 Ní hé seo an focal sa ls.

No less than this is the exaggerated praise, and soft flattering words he sang to Fanny O'Kelly. Here are two stanzas out of many as an example:

Fanny O'Kelly

When she rises early in the morning
She heals the thousands from sin,
When you would behold her forehead,
   Oh, a little touch of her love.
She has manners, beauty, mien,
And a lovely soft look;
   The fair woman of the most pleasant character,
The honey cuckoo,
Countenance lighting up,
'Tis she is handsome, mannerly.
Thy beauty, sure it has led astray
The thousands on earth,
Of all who heard her sweet voice.
There she is, the noblest fairy,
The holy lamp,
And the branch from heaven.

I shall give here a song that was, I am pretty sure, composed by some man who was in love with a Connacht girl, who was a servant, or something like that, in Leinster or Ulster, for I think that this song is a Leinster one or an Ulster one. The girl probably gave herself to the bard, and the women were defaming and abusing her, and the bard — whoever he was — composed this song to stop the women from reviling his love. There are a couple of verses of it and they are too indelicate to write down, but here is the rest of it:

2.8.1890

Anna nee Sganláin

I would not be denying it myself
   If Anya (Annie) were to give me a son,
And without knowing but he might get a high place
   With the great kin of her friends.

Who knows but he may (become) a doctor of healing
   Who would teach health;
And, again, who could say that he might not be a bishop,
   A great priest, or a friar —

A learned, beautiful-worded historian,
   A man of law, or a man of poetry,
Or harper of the tender stringlet
   Who would most sweetly play on a *cláirseach*.

Is dóigh muna ndéanfaidh sin é
    Go ndéanfaidh bean do bharr na mná sin,
A mbeadh fuáil aici is cniotáil
    Obair bhreac is lásaí.

Is dóigh muna ndéanfaidh an ní sin
    Go nglacfaidh uaithi cáitheadh
Maistreadh bró is bleitheach
    Ceangal agus carnadh.

A mhná na gcuilligheach (?) buí
    Ná labhraidh trom ar Áine
Is cá bhfuil aon bhean agaibh-se
    Nach ndéanfadh nó nach ndearna!

                · · · · ·

Tráth théid gach aon bhean agaibh-se
    Go súgach soilbhir sásta,
Luí ar bhur leaba dhaoibh
    Agus bhur bhfear a bheith ar láimh libh.

Ag éirí go moch ar maidin daoibh
    'S é is dóigh liom, lá arna mhárach,
'S é mheasaim féin gur paidir dhaoibh
Bheith ag labhairt go trom ar Áine.

Is ag lucht léite cronicles
    Tá fios cé hí Áine,
Tá (a) cine mór ar uaisle
    Mar tá muintir Scanláin.

Tá gaol mór i gConnacht aici,
    Níos mó ná tá san áit seo,
Is é mheasaim féin gur iomarcach
    Do dhuine ar bith a cáineadh.

Scoirfidh mé anois de na hamhránaibh molta na mban so, ach sul chríochnaím bhéarfaidh mé aon cheann eile, caoineadh do rinne an Cearbhallánach féin ar Chití Ní hEaghra do bhí gaolach, creidim, leis an gCian Ó hEaghra sin i gcontae Shligigh ar a ndearna an bard dán roimhe seo. Fuair sí bás agus í óg, agus rinne an bard an caoineadh seo os a cionn. Tig linn in amhránaibh tá cumtha ar an miosúr so, an rann do scríobhadh i gceithre nó in ocht líntibh. Is gnáth leo bheith scríofa i gceithre líntibh ins na sean-scríbhinnibh ach is fearr liomsa ocht líne do dhéanamh díobh, mar rinneas cheana le dó nó le trí amhránaibh díobh.

Surely if that does not do him
  A wife better than that wife [a verse must have been lost here]
    will do him,
Who would have sewing and knitting,
  Speckled work and laces.

Surely if that thing won't do him
  He will accept from her winnowing,
Churning, quern, and grinding,
  Binding and stacking.

Oh, ye womem of the yellow . . .
  Do not speak heavily of Annie;
And where is any woman of yourselves
  Who would not do or who has not done (as she did)!

When ye go, each woman of ye,
  Merrily, gaily, satisfied,
To repose upon your couch
  And your husband to be beside ye.

On rising early in the morning of ye,
  I am sure, on the day on the morrow,
I think myself that it is your *pater noster*
  To be speaking heavily of Annie.

Those who read chronicles,
  It is they who know who Annie is;
Her kin are great in nobility,
  Namely, the Muinntir Sganlan.

She has great kindred in Connacht,
  More than there are in this place.
What I think myself is that it is excessive (impertinent)
  For anyone to traduce her.

I shall now leave off these songs in praise of women, but before
I finish I shall give one other one, a keene that the Carolan himself
made for Kitty O'Hara, who was related, I believe, to that Kian
O'Hara in the county Sligo for whom the bard had composed a poem
before that. She died and she young, and the bard made this keene
over her. In songs that are composed in this metre we can write the
verse in four or in eight lines, but I prefer to make eight lines of
it, as I have already done with two or three other pieces.

Caoineadh ar Chití Ní hEaghra

Is gadaí an bás
   Agus cráfaidh sé croí dá chruas,
Mise in mo lár
   Gur fhág sé chomh dubh leis an ngual,
Níl ionam ach scáile,
   Mar thárnódh[41] duine as uaigh,
Feasta le mo ré
   Tá mé lán de ghean ar an bhfuath.[42]

Dá bhfeicfeá í inné
   Is í 'r éis[43] an bás dá cloí,
I gcomhanra[44] glan caol réidh
   Ó láimh an tsaoir;
Com geal caoin gan sméith
   Ná smál ar an tsaol,
'S a brollach geal gléigeal
   Mar séidfí sneachta le gaoith.

Aon amharc amháin dá bhfaighinn
   Ar Chití na gcuach,
Agus a fáil faoi mo láimh
   Ar feadh[45] spáis ba ghiorra ná uair,
Agus cead troide leis an mBás,
   Go bráth ní leigfinn í uaim.[46]

. . . . .
. . . . .

Is ioma bean bhán
   D'fhága a fallaing 'na déidh[47]
Ó mhullach an chnoic aird
   Go barr an mhacaire réidh.
Nílim-se slán
   Is go bráth ní abraim go mbeidh,
Ó chonairc mé an lá
   In ar fágadh Cití sa gcré.

---

41 *'thárnóchadh' sa téacs*; = tarraingeóchadh, nó tairreóngadh.
42 .i. an bás.
43 'léis' sa ls., acht is mar sin labharthar ''réis' i mórán d'áiteachaibh i gConnachtaibh.
44 Comhanra = cómhra, i n-áiteachaibh.
45 'Agus' sa ls.
46 Ní bhfuair mé an dá líne déigheanach de'n rann so a sgríbhinn air bith.
47 'na diaig' sa ls.

Keene for Kitty O'Hara

The Death is a thief,
  And he ruins a heart with his hardness;
Me in my middle
  Sure he has left as black as a coal.
There is nothing in me but a shadow,
  Such as a person would draw out of a grave.
In future as long as I live,
  I am full of affection for the spectre (Death).

If you were to see her yesterday
  And she, after Death defeating her,
In a coffin, clean, narrow, smooth,
  From the hand of the carpenter,
Her form bright, slender, without spot,
  Or blemish in the world,
And her bosom white and bright,
  Like snow that would be blown by wind.

One glance alone if I were to get
  On Kitty of the ringlets,
And to get her under my hand
  For a space shorter than an hour,
And leave to fight with the Death,
  And I would never let her go from me.

Many is the fair woman
  Who has left her mantle behind her,
From the summit of the high hill
  To the top of the smooth plain.
I am not whole,
  And I will never say I shall be,
Since I have seen the day
  That Kitty was left in the clay.

Is ioma bean mhánla
   Ar ard an chnoic údaigh[48] thuas,
(A) bhfuil a folt tarraingte
   'S a lámha greadaithe go cruaidh,
Faoi Chití Ní hEaghra
   An stáidbhean bhí soineanta suairc,
Mo mhallacht don Bhás
   Rug ainnir na ngil-chíoch uaim.

Tá an t-aer ar buile
   Is an tSionainn go léir fá ghruaim,
Fá éag an linbh
   Bhí soineanta sáimh is suairc.
Craobh an oinigh[49]
   Ó Inis go Bearnais Mhóir,
'S é mo léan é mar d'imigh sí
   Cití Ní hEaghra uaim.

48 'Udaigh', is mar so labhartar an focal 'úd' i gcondaé Ros-comáin.
49 'Innigh' sa ls. ann so agus i n-áiteachaibh eile. Is mar sin labharthar é.

There is many a tender woman
  On the height of yonder hill up there,
Whose tresses are pulled (out),
  And her hands wounded (with slapping them together) hard,
For Kitty O'Hara,
  The stately woman, who was gentle and pleasant.
My curse upon the Death
  Who carried off from us the maiden of the white bosom.

The air is gone mad,
  And the Shannon is altogether under gloom,
At the death of the child
  Who was gentle, quiet and pleasant,
The branch of hospitality
  From Ennis to Barnas More;
It is my grief that she is gone,
  Kitty nee Hara from me.

CAIBIDIL III

Amhráin Óil

9.8.1890 Do bhíodh níos mó ólta le linn an Chearbhallánaigh, ar mhodh ar bith imeasc na ndaoine uasal, ná atá anois, mar bhíodh fíon go leor den chineál do b'fhearr ag teacht isteach ina bhairillibh ón bhFrainc.

Labhrann na hamhráin i gcónaí ar fhíon Spáinneach — an 'port' atá againne anois b'fhéidir — agus ní chluinimid focal ar bith i dtaobh fíona Francaigh, ach measaim gur athchuimhniú ar an tsean-aimsir é seo, agus go raibh an fíon Spáinneach ag fágáil an bhealaigh don fhíon Francach nuair bhí an Cearbhallánach ann. Tosaímid caint do chloisteáil ar chláiréad anois. Deir bard éigin:

Ní thaitníonn an cláiréad liom
Bronnaim sin don Eaglais,

agus labhrann an t-amhrán ainmniúil sin 'Cupán Geal Uí hEaghra' ar

Árainn na séad
Mar a ngluaiseann gach sár-long
Le cláiréad 's le méad,

agus deir Ó Cearbhalláin féin go raibh 'cláiréad 's Ginébha, uisce beatha don tsaol is beoir Máirt' ann, ag fleá Mhártain Mhic Giorra. Cuireann sé leis sin:

Ní raibh maith insan méid sin
Gan fíon dearg ón nGréig ann
Agus 'shrub', más é b'fhearr lena sású.

Is é le dath breá agus iontach do chur ar a chuntas deir sé 'Fíon ón nGréig', óir ní raibh a leitheide ann, ach bhí na baird uile tugtha do mhéadú agus do dhúblú an rud thar mar bhí sé dáiríribh, agus creidim gurb é sin an fáth faoi a labhrann na hamhráin seo ar 'mhéad' go minic — deoch nach raibh dá chleachtadh insan am so, creidim. Ní raibh an lionn Éireannach ró-mhaith, mar dúirt na Sasanaigh agus na Francaigh a tháinig go hÉirinn le 'Séamas a' chaca' nár bhlaiseadar ariamh rud ba mheasa agus ba ghránna ná é. Ach is é an t-uisce beatha gan aon amhras ar bith an deoch do b'fhearr agus ba choitianta do bhí acu in Éirinn, agus b'ioma caoi ar a ndéanadh siad é agus b'ioma ainm bhí acu ar na cineálaibh éagsúla, mar atá le feiscint insan leabhar fíor-aisteach sin do scríobh Tadhg Ó Neachtain beagnach dhá chéad bliain ó shin .i. 'Eachtra Éamoinn Uí Chléirigh'. B'é an t-uisce beatha an biotáille do b'fhearr leis an gCearbhallánach féin, 'fíon na tíre', mar ghlaodh sé air. Ba mhaith an fear óil é, ach ní raibh sé ina

90

CHAPTER III

Drinking Songs

There used to be more drunk in Carolan's time — at all events amongst 9.8.1890 the gentry — than there is now, for there used to be wine of the best sorts coming into the country in its barrelfuls from France. The songs always speak of Spanish wine (probably our port), and we never hear a word at all of French wine; but I think this must be a reminiscence of the old time, and that Spanish wine was standing aside out of the road for French wine when the Carolan was in it (*i.e.*, existed). We now begin, however, to hear talk of claret. One bard says—

> Claret does not please me.
> I bestow that on the clergy;

and the renowned song, the 'White Cup of O'Hara,' talks of

> Ara of the jewels
> Where each fine ship moves
> With claret and with mead.

And O'Carolan himself says that there was 'claret and Geneva (gin), water of life (whiskey), for the world, and March ale,' at the banquet of Martin MacGarry. He adds to this :

> There was no good in all that
> Without red wine from Greece there,
> And shrub if it was that was best for satisfying
> them.

It was to put a brilliant and extravagant colour on his account of the feast that he says 'wine from Greece,' for there never was any such thing, but the bards used to be all given to magnifying and doubling the thing beyond how it was in reality, and I imagine that this is the reason why these songs constantly speak of mead — a drink which, I believe, was not in use at all at this time. The Irish ale was not too good, for the English and French who came to Ireland with 'Dirty James' complained that they never tasted anything worse or nastier than it; but the ishka-baha (whiskey) was, without any doubt at all, the best and commonest drink that they had in Ireland, and many was the way they used to make it, and many was the name they had for the various kinds, as may be seen in that very curious Irish book that Teig O'Naghtan wrote nearly two hundred years ago, 'The Adventures of Eamun O'Cleary.' Ishka-baha (incorrectly Anglicised into usquebaugh), was the spirit that Carolan himself liked best — the 'wine of the country', as he used to call it. He was a good

phótadóir gránna, óir deir Ó Conchúir ó Bhéal Átha na Gártha, scoláire fíor-mhaith agus fear fírinneach onórach, go raibh Ó Cearbhalláin ina dhuine 'rialta agus cráifeach', rud a chruthaíos gan aon amhras ar bith nach raibh an bard ró-thugtha don ól, ná ina ghnáth-phótadóir.

Tá fhios ag gach uile dhuine go n-óladh an Cearbhallánach 'lán a' mhála', ach níl fhios acu go nglacadh sé tobac mar an gcéanna, agus ní as bosca snaoisín ach as phíopa. Is fíor go deimhin gur labhair sé ar an tobac insan amhrán do rinne sé ag moladh an óil ar a nglaotar go coiteann 'réséit' Uí Chearbhalláin mar deir sé:

Seal ar meisce
Seal ar buile
Seal ag réabadh téada
Caitheamh tobaic agus dul ar mire
An fáisiún nua do chleachtamar
Ní scarfaimid leis go deo, 7rl.

Is dóigh gurb é caitheamh tobaic an fáisiún nua ar a labhrann sé, agus nach gcleachtadh sé é nuair bhí sé ina ógánach. Deir sé arís in amhrán eile atá agam-sa, amhrán do rinne sé in onóir Iarla an Chláir:

Lastar an píopa agus líontar an dram

agus in amhrán eile do rinne sé ar Shir Uilleog de Búrc deir sé mar an gcéanna:

Seal beag eile ag ranntaíocht
Seal beag eile ag cantaireacht
Réabadh téad is caitheamh tobaic
Is ag ól na gcupán leo.

Ach níl fhios ag lucht caite an tobaic go ndearna ár mbard amhrán in onóir na píopa mar an gcéanna, agus is é seo an ócáid ar a ndearna sé é:

Bhí seanbhean ann a raibh aithne mhaith ag an mbard uirthi, agus chleachtadh sí tobac, ach oíche éigin nuair a bhí daoine ina tigh fuair sí go raibh a 'dúidín' nó a píopa dubh imithe. Bhí sé goidte ag duine éigin. 'Sé 'Blaicidh' an t-ainm peata do bhíodh aici ar a píopa ón bhfocal Béarla 'black' .i. dubh. Fuair an Cearbhallánach í ag caoineadh agus rinne sé amhrán ar an gcúis. Is í an tseanbhean tá ag labhairt, más fíor dhó, sna véarsaí seo, agus ag ceasacht i ndiaidh a píopa:

Blaicidh

Ní shníomhfaidh mé barrach ná líon,
Ní bhainfidh mé choíche dá sórt,
Ní ghuífidh mé abstol ná naomh,
Ach ag mallachtaigh d'oíche 's de ló.

man to drink, but he was not a nasty drunkard, for O'Conor of Balanagar, a splendid scholar and a truthful, honourable man, says of him that O'Carolan was a man *riaghalta agus craibhtheach* — i.e., moral and devout — a thing which proves beyond all doubt that the bard was not too much addicted to the drink, or a habitual drunkard.

Everyone knows that the Carolan used to drink 'the full of the bag' (*i.e.*, plenty), but they do not know that he used to take tobacco also, and not out of a snuff-box, but out of a pipe. It is true, indeed, that he speaks of tobacco in the song which he made in praise of drink, and which is commonly called 'Carolan's Receipt,' in which he says:

> A while drunk, a while mad,
> A while tearing harp-strings,
> Using tobacco (smoking), going into insanity.
> This new fashion we practised
> We never will part from it.

It is likely that smoking was this new fashion of which he speaks, and that he used not to practise it when he was a young man. He says again in another song of which I have a copy — a song which he made in honour of the Earl of Clare:

> Let the pipe be lit and the dram be filled.

And in another song which he made for Sir Ulick Burke, he says also:

> Another little while making stanzas,
> Another little while singing them,
> Tearing harp-strings and smoking tobacco,
> And drinking the cups with them.

But smokers do not know that the bard made a poem in honour of the pipe, also, and this was the occasion on which he made it.

There was an old woman in it whom the bard knew well, and she was accustomed to smoking; but one night when people were in her house she found that her *doodeen*, or black pipe, was gone. It was stolen by somebody. Blackie was the pet name she used to have for her pipe, from the English word black (*i.e.*, *dubh*). The Carolan found her keening and making lament after her pipe, and he composed a song about her case. It is the old woman who is speaking, if it is true for him (*i.e.*, as he pretends), in these verses, and she complaining after her pipe:

Blackie

> I will not spin tow or flax,
> I never will touch anything of the kind,
> I will not pray to apostle or saint,
> But (go) cursing by day and by night.

Mo ghlúna ag sagart ní íslead[1],
'S mar súd (dom) a choíche 's go deo,
Agus cibé ghoid 'Blaicidh' san oíche,
A pheaca a choíche faoina scóig.

Chuaigh mé go Sacsana an Bhéarla,
Agus chugat go hÉirinn ar cuairt,
Ní bhfuair mé macsamhaill mo chré[2]
I mbaile dá ndeachas chun cuain.

An tobac is measa faoin ngréin
Agus cuir ina bhéal é suas
Chuirfeadh sé deatach go haer
Is blas meala ar gach toit[3] uaidh.

Níl na rannta so leath chomh binn leis na píosaibh do chum sé
ar an uisce beatha, ach is ag magadh do bhí sé anso. Is aisteach go
leor é go gcaitheadh an bard tobac, nuair a chuimhnímid nach raibh
an nós sin leath nó an ceathrú cuid chomh cleachta an t-am sin agus
atá sé anois. Ba ghnáth leis na daoine uaisle snaoisín do ghlacadh
in áit tobac do chaitheamh. Ach is cosúil go raibh tobac dá chaitheamh
go coitianta in Éirinn sul do bhí sé coitianta i Sacsana, go díreach
mar do bhí ar barr eile sin do thug Bháitéar Ráithille, nó Raghleigh,
go hÉirinn ar dtús, agus do scaip ar feadh an oileáin céad bliain sul
do bhí sé imeasc na Sacsanach .i. na potátaí, nó prátaí, nó fataí, mar
ghlaonn siad orthu in áiteachaibh éagsúla na hÉireann. Agus is feasach
sinn go gcleachtadh na sean-Éireannaigh deatach éigin do dhéanamh
le luibh éigin, mar is minic faightear na sean-phíopaí caola beaga
insan talamh fós. Do frith ceann acu imeasc na gcloch sa tsean-
chaisleán na Leasa Móire i gCorcaigh,do bhí tógtha níos mó ná ceithre
nó cúig céad bliain ó shin, agus fuair siad an píopa idir dhá chloich
insan mballa in áit ar leag an fear oibre nó an clochaire as a láimh
é, nuair bhí sé ag obair agus in áit ar dhearmad sé é. Ar an ábhar
so is dóigh gur mhó an fháilte do cuireadh roimh an tobac in Éirinn
ná i Sacsana, agus go raibh sé i gcónaí níos coitianta inár measc-na
ná imeasc na Sacsanach. Ach ar mhodh ar bith is dóigh gur fhoghlaim
an 'Cearbhallánach binn bréagach shiúil Éire fá dhó',[4] mórán cleas
agus mórán nós nua nach raibh in úsáid imeasc na ndaoine uasal nach
bhfágfadh a dtithe féin ach uair nó dhó sa mbliain.

Mar tá mé ag labhairt ar an tobac fuair mé píosa aisteach go déanach
ó shean-phíobaire as Roscomán do 'thug leis' as Conamara é, mar
dúirt sé, ar an bpíopa agus ar an tobac, agus creidim go bhfuil sé

1 = ísleóchad.   2 = mo phíopa créafóige.
3 'Tuit' i n-aon sgríbhinn, 'teit' sa gceann eile. Toit = gal.
4 Chualaidh mé an líne seo ó shean fhearr i gcondaé Roscomáin, bhí sé as
abhrán, saoilim, acht ní bhfuair mé dhe acht sin.

94

My knees to priest I shall not bow,
  And thus with me always for ever.
And whoever stole Blackie in the night,
  His sin for ever (be) under his throat (choking
    him).

I went to Sasanie (England) of the Bérula (English
    language),
  And to thee to Erin on a visit,
I did not find the very image (equal) of my pipe
  In any town into whose harbour I went.

The worst tobacco under the sun,
  And put it up into its mouth,
It would send up smoke to the air,
  And a taste of honey on every whiff from it.

These verses are not half so melodious as those he composed about
the whiskey, but it is joking he was in this one. It is strange enough
that the bard used to smoke tobacco when we remember that this
custom was not half so prevalent at that time as it is now. The gen-
try used then to take snuff instead of smoking tobacco, but it is pro-
bable that tobacco was in common use in Erin before it became com-
mon in England, just as was that other crop which Raithille or Raleigh
introduced into Ireland first and which spread throughout the island
a hundred years before it was much known among the English —
that is, the potatoes, or praties or faties as they call them in various
parts of Ireland. And we know that the old Irish used to practise
some kind of smoking with a certain herb, for it is often their small
narrow old pipes are found in the ground still. One of them was got
amongst the stones in the old castle of Lismore, in Cork which was
built more than four or five hundred years ago, and they found the
pipe between two stones in the wall, where the workman or mason
left it out of his hand when at work and forgot it. For this reason
it is probable that tobacco was more welcomed in Ireland than in
England, and that it was always more common amongst us than
amongst the English. But at all events it is probable that the

'melodious, flattering Carolan, who travelled Erin twice,'[1]

learned many new habits and customs which were not in use amongst
the gentry, who used to leave their own places only once or twice
in the year.

  Talking of tobacco, I took down a curious piece lately from an old
piper from Roscommon, who 'brought it with him,' as he said, out
of Connemara, about the pipe and tobacco, and I believe it to be

1 I heard a man in Roscommon call Carolan this. I think it was a verse from
a song, but I could get no more.

an-tsean, mar labhrann sé ar chlainn na nGall do maraíodh in
Eachdhruim. Is an-fhada é, ach ag so cuid de:

Rainn an Tobaic

Éirigh thusa ar maidin
Do choisreacadh[5] ná déan é,
Tabhair do smaiste tobaic leat
Agus leag do scian air.
Gearr dhe amach go gasta
Do naoi bpíopaibh.
Dearg é agus cóir-dhearg é
Agus ná ró-dhearg é.
Nó borrfaidh sé agus lasfaidh sé
In do phíopa.
Bain gal gal agus galóg as,
Bain fuip fuip agus fuipín as,
Bain toit toit agus toitín as,
Bain an gal dubhghorm as,
Bain an stéig bhrághaid as,
Agus muna dtaitníonn leat
Tabhair dod' dhuine féin é.
Ansin tháinig sí isteach
Strap na lorgan breac,
Chuimil sí a tóin don bhac,
Agus bhain sí an ceann de mo phíopa.
A maraíodh in Eachdhruim
De chlainn na nGall
Do bhain an ceann de mo phíopa.
Ba mheasa liom sin
Ná mo bhean agus mo chlann
Agus a dtáinig den bhFrainc
Agus den chine daonna.
B'ait é le spealadóir na tóine caime,
B'ait le gréasaí na meanna bige,
B'ait le fíodóiribh agus le píobairibh,
B'ait le tincéaraibh agus táilliúiribh 7rl.

16.8.1890   Seo amhrán greannúil do rinne pótadóir éigin do chaith a mhaoin
ag ól agus ag spórt, ar a nglaotar 'Paidí mo ghrá'. Shíl an fear do
rinne é go leasódh sé a bheatha agus go mbeadh sé níos staidéaraí
dá bpósfadh sé bean, ach nuair fuair sé í, in áit a bheith níos socaire,
is measa ná roimhe sin bhí sé. D'fhoghlaim sé a dhroch-fháisiúnta
sa gcaoi chéanna in ar fhoghluim an Cearbhallánach iad .i. le siúl
an domhain. Tá daoine den tsórt so coiteann go leor inár measc fós,

5 i.e. coisreagadh; 'chaistriocadh' sa téacs.

96

very old, as it speaks of the Clan of the Galls (foreigners) who were killed in Aughrim. It is very long, but here is part of it.

The Stanzas of Tobacco

Rise up thou in the morning,
Your blessing of yourself, do not do it;
Take your stick of tobacco with you,
And lay your knife upon it
Cut out of it with activity
For nine pipes,
Kindle it and right-kindle it,
And don't too-kindle it,
Or it will swell and will light
In your pipe.
 Take a blast, blast, and a blasteen out of it;
Take a whiff, whiff, and a whiffeen out of it;
Take a puff, puff, and a puffeen out of it;
Take the dark-blue whiff out of it;
Take the wind-pipe out of it;
And if you don't like it
Give it to your own man.
 Then she came in,
The slutish-girl of the speckled shins;
She.rubbed her thigh to the hob
And she took the head off my pipe.
Those who were killed in Aughrim
Of the children of the Gaulls,
'Twas they took the head off my pipe.
I thought worse of that
Than (if I were to lose) my wife and my children,
And all who came from France
And of the human race.
The mower of the crooked thigh was glad of it;
The shoemaker of the little awl was glad of it;
The weavers and the pipers were glad of it;
The tinkers and the tailors were glad of it.

Here is a song which some drunkard, who spent his wealth in drink *16.8.189* and sport, made, which is called 'Paddy, my Love.' The man who composed it thought that he would amend his life, and that he would be more steady if he were to marry a wife; but when he got her, instead of being more quiet, it is worse than before he was. He learned his evil ways the same way Carolan learned his — by walking the

ach níl siad an ceathrú cuid chomh h-iomadúil agus do bhíodh siad céad bliain nó níos mó ó shin. Ag so an cuntas atá ag 'Paidí mo ghrá' dá thaoibh féin:

Paidí mo Ghrá

Bhí mise thoir agus thiar
Agus chaith mé seacht mblian' i loing,
Níl pighin dar thacair mé riamh
Nár chaith mé chomh fial le Fionn.
Súd é an t-aigne thug Dia dhom
Mo dhúil bheith go síoraí sa dram,
'S go n-ólfainn-se braon 'na dhiaidh sin,
Dá gcaillfinn leis stiall dem cheann.

Dá mbeadh fhios ag Paidí mo ghrá-sa
Do thuigfeadh sé an cás i gceart,
Go bpléascfadh soithí na háite
Anois mar d'ardaigh an bhraich,[6]
Ní hé sin uile is cás liom,
Ach an daoirse tá ins na 'hops',
Muna n-ólfaimid uisce 'gus siúcra
Gheobhaimid bás den tart.

Bhí mé seacht seachtaine 'g ól
Is an arraing[7] go mór 'gam' chloí,
B'fhuras mo leaba do chóiriú
Ar feadh tamaill san ród sin thíos.
'Nois ó tá mise pósta
'Sé bhéarfad de chomhairle dhaoibh,
Gur súd agaibh leigheas na póite
Ar maidin a h-ól arís.

'Sé tús agus deireadh na déise
D'fhág ar mo bhéal-sa tart,
D'fhága mo phóca gan aon phighin
Oiread is clúid an bhaic.
Ní hé sin uile is cás liom
Ach scabhluireacht ghéar na mban,
A chomharsana fliuchaí bhur mbéal,
Óir is ceithearnach tréan an Tart.

Is dóigh gur buachaill den tsórt so do rinne an rann leanas agus é ar mire le meisce, agus an 'delirium tremens' air:

6 Deir sé gur árdaigh luach na braiche, agus go bpleusgfaidh na soithighe anois leis an tiormacht, mar nach dtig leo a líonadh le lionn feasta.
7 'Is a nairn' sa ls.

world. People of this sort are plenty enough amongst us yet, but they are not one quarter as numerous as they used to be a hundred years ago or more. Here is the account that 'Paddy, my Love' has about himself:

Paddy, my Love

I was east and I was west,
  And I spent seven years in a ship;
There is no penny I ever gleaned
  But I spent it as hospitably as Finn.
That is the mind that God gave me,
  My liking to be always in the dram:
And sure I would drink a drop after that
  If I were to lose a strip off my head with it.

If Paddy, my love, knew it,
  He would understand the case rightly,
How that the vessels of the place will burst,
  Now that the (price of) malt has risen.
It is not all that which I think a pity,
  But the dearness that is in the hops.
Unless we drink water and sugar
  We will die of the thirst.

I was seven weeks drinking,
  And the pang greatly destroying me;
It was easy to arrange my bed
  During a time on the road down there.
Now since I am married,
  Here is what I shall give you for counsel,
That here is the cure of drunkenness for you —
  In the morning to drink again.

It is the beginning and the end of the ear (of barley)
  That left on my mouth thirst,
That left my pocket without one penny,
  As much as the corner of the hob.
It is not all that I think a hard case,
  But the bitter scolding of the women,
Neighbours, wet your mouths,
  For he's a stout kerne, the Thirst.

Probably it was a lad of this kind who made the following stanza and he mad drunk, and *delirium tremens* on him.

An t-ól sin rinnemuid[8] inné
 Is aisteach an gléas ina bhfuil sé inniu,
 Tá iorball air agus dhá chluais
 Is é ag fuachaisí[9] (?) ar mo mhuin.

Is é sin, gur shíl sé go raibh beithíoch ag screadach ar a mhuin, agus chomh dona agus bhí sé bhí fhios aige nach raibh ann ach 'an t-ól a rinne sé inné.'

Is cinnte mé gurb é sin is ciall don rann so fuair mé sa scríbhinn chéanna .i. gur fear ar mire le meisce do rinne é, nuair facas dó go bhfaca sé an rud iontach sin. Seo an rann:

Ionadh mór a chonnairc[10] mé 's mé i dtinneas go tréith mo
    luí,
 Sionnach agus coilleach ag bord an bhídh,
 Bhí cruinn-mhias uibheacha eatarthu, agus corn maith dí,
 Agus iad ag ithe gan iomad gan fhearg gan chomhrac ná glao.

Deir fear eile den treibh chéanna i rann eile:
 D'ól mé mo dhóthain,[11] 's ba mhinic liom é
 De lionn maith Mhárta, 's ba mhiste mé,
 Glortaigh faoi clocaigh, is maith thuigfinn é
 Decet[13] *poetis bibere.*

Fillimid anois ar an gCearbhallánach, go bhfeicimid cad é atá aigesean le rá ar ól na dí.

Do rinne ár mbard amhrán greannúil ar an éan mór atá an-ghann in Éirinn anois, an bonnán léana. Bhíodh na héanacha so coiteann go leor céad bliain ó shin, agus d'fheicfeá sna háiteachaibh fliucha iad, cois locháin, nó le hais aibhne, i measc na ngiolcach agus na luachra fada fliuiche, agus is minic chuala mé san oíche an fhuaim gharbh bhrónach mar fhuaim stoic ag séideadh do dhéanfadh bonnán ag glaoch dó féin. Ach do chaith duine éigin mo bhonnán bocht le gunna, agus do thriomaigh sé agus do líon sé a chorp, le cur faoi ghloine mar sheoid. Feictear dom ón amhrán go dtáinig samhradh an-te agus an-tirim agus gur thriomaigh an lochán nó an léana ina mbíodh an bonnán de ghnáth ag déanamh ceoil dó féin, agus go bhfuair an créatúr bocht bás mar gheall ar é bheith gan uisce. Is cosúil go raibh an bard ag gabháil thart le hais an locháin agus go bhfuair sé an t-éan marbh, agus gur chuir sin ina cheann an t-amhrán leanas do dhéanamh, ag samhlú cáis an bhonnáin lena chás féin nuair bhíodh sé i bhfad gan deoch.

8 Labharthar 'rinneamar' i gcondaé Roscomáin mar 'rinneamuid'.
9 = ag sgreadach, saoilim.
10 'thainic' agus 'tré' sa ls.   11 'M'fheóchain' sa ls.
12 Ní thuigim an líne seo, chor air bith; *'thiugfainn' sa téacs.*
13 Is cosmhúile le 'homo' an focal so sa ls.

That drink that we did yesterday
It is a queer way in which it is to-day,
There is a tail on it, and two ears,
And it screaming — awfully (?) on my back.

That is, he thought there was a beast up on his back screaming, and
yet as bad as he was, he knew that there was nothing in it but 'the
drink that he did yesterday.'

I am sure that that is also the meaning of this *rann* which I found
in the same manuscript — namely, that it was some man mad with
drunkenness who made it when he thought that he saw this wonder-
ful thing. Here is the *rann*:

A great wonder did I see, and I in sickness weakly lying,
A fox and a cock at the dining-table,
There was a round plate of eggs between them, and a
   good goblet of drink,
And they eating without envy, without anger, without
   fighting or crying.

Another man of the same tribe says in another stanza:
I drank my enough, and it happened to me often,
Of good March ale, and I was the worse for it.
Voices under cloaks I would well understand them (?)
Decet poetis bibere.

We will now return to the Carolan, till we see what he has to say
about quaffing the drink.

Our bard made an amusing song about the large bird which is very
scarce in Ireland now, the bittern. These birds used to be common
enough a hundred years ago, and you might see them in wet places
beside a little lake, or along a river side, amongst the reeds and long
wet rushes, and I often heard in the night the harsh mournful sound,
like the sound of a trumpet blowing, which the bittern used to make
at night, calling for himself (i.e, for his amusement). But somebody
shot my poor bittern with a gun, and dried him and stuffed his body,
to put him under a glass as a precious thing. I think from the song
that there came a very hot and very dry summer, and that the little
lake or marsh in which the bittern used to be constantly making music
for himself dried up, and the poor creature died on account of its
being without water. It is probable that the bard was passing by beside
the marsh and that he found the bird dead, and that this put it into
his head to compose the song that follows, comparing the case of
the bittern to his own when he would be long without a drink:

An Bonnán Buí

A bhonnáin bhuí 'sé mo léan do luí
Is dona an ní ler cailleadh thú,
Ní easpa croidhe ná díobháil bídh
Ach uireasa na dí seo 'mharaigh thú,
'Sé an gléas ina mbíodh ar feadh a shaoil,
Gach a bhfaigheadh do scagadh tríd,
Ach anois tá an díth ort is tú do luí,
'Sé mo léan do bhás a phreabaire.

Ní lon ná smólach[14] tá mé caoineadh,
Dar a maireann, ná an chorr-ghlas,
Ach mo bhonnán buí bhí lán de chroí
Is gur cosúil liom féin a shnua 's a dhath.
Ní bhíodh sé choíche ach síor-ól na dí,
Is deir siad go mbím ar an nós sin seal,
Níl braon dá bhfaighead nach leigfead síos
Ar cheist go bhfaighinn-se bás den tart.

'Sé dúirt mo stór liom leigean don ól
Nach mbeinn-se beo i bhfad ná i ngearr,
'Sé dúirt mé léithi go dtug sí éitheach
Go mba fad ar mo shaol na deocha d'fháil,[15]
An bhfaca sibh éan an phíobáin réidh
Dul in éag den tart ar ball?
A chomharsana cléibh fliuchaí bhur mbéal
Ní bhfaighidh sibh braon tar éis bhur mbáis.

23.8.1890   Ní thig liom bheith cinnte más leis an gCearbhallánach atá an t-amhrán so, ach sa dá scríbhinn san Ardscoil Ríogúil Éireannaigh ina bhfuair mé an t-amhrán, dúradh é gurb é Ó Cearbhalláin do chum é, agus is cruthú eile air sin, mar thaispeáin an tAthair Eoghan Ó Gramhna dom an focal sin 'ar cheist go' = 'ar eagla go', atá in úsáid fós i gCo. na Mí — contae an Chearbhallánaigh féin.

Tá amhrán eile cosúil leis, ach ní feasach mé más é an Cearbhallánach nó Bairéad as contae Mhaigh Eó do rinne é. Tá sé ag moladh na dí go mór, agus is fiú a chur síos. Ag so é:

14   'Ní hé an londubh ná an smólach' sa ls., acht ní fhoireann sé seo do mhiosúr na líne.
15   'An deoch a d'fhághail' sa ls.

102

The Bittern

Oh yellow bittern! it is my grief you to be lying,
It is a wretched thing by which you have perished,
'Twas no want of heart, or lack of food,
But want of this drink which killed you.
That is the way in which he used to be throughout his
   life!
(Namely) everything he could get to strain it through him
(down his throat),
But now the loss is on you, and you lying low,
It is my grief your death, my hearty.

It is neither black-bird or thrush I am keening,
By all that live, nor the grey crane,
But my yellow bittern that was full of heart,
And sure his comeliness and colour were like myself.
He used never to be but constantly drinking the drink,
And they say that I do be of that same fashion at whiles,
There is no drop I'll get but I'll let it down
For fear lest I should die of thirst.

'Twas what my treasure said to me, to let be the drinking
(Or) that I would not be alive either long or short,
'Twas what I said to her that she told a lie,
That it was a lengthening on my life to get the drinks.
Have ye seen the bird of the ready throat
Going to destruction of the thirst just now?
Neighbours of my bosom, wet your mouths,
Ye never will get a drop after your death.

I cannot be quite sure whether this song is by the Carolan or not, *23.8.1890*
but in the two MSS. in the Royal Irish Academy in which I found
the song it was said that it was O'Carolan who made it, and an
additional proof of that is, as Father Eugene or Owen O'Growney
pointed out to me, that the phrase *air cheist go,* 'for fear that,' is still
used in the county Meath, Carolan's own county, but not elsewhere,
I think.

There is another song like this, but I do not know whether it was
the Carolan or Barret, from the county Mayo, who made it. It is
lauding drink highly, and it is worth while giving it:

Chuir mé mo Gharraí

Chuir mé mo gharraí 's níor éirigh sé liom,
Bhí mustard go leor ann 's bláth buí os a chionn,
Ní bhéarfadh sé fiú an ghráinne ná an eorna a dhéanfadh
    lionn
'S gurb é síor-ól na gcárta d'fhág an bothán so fann.

'Sé deir an chléir liom nach ndéanaim an ní tá cóir
'S 'na dhiaidh sin nach ngéillim do Pheadar ná do Phól,
Gean Dé orm, go dtréigfead a dhligheadh níos mó,
'S gurb acu féin bhíos an féasta ar fhíon 's ar bheoir.

Tacar ná pacar ní dhéanfad a choíche[16]
Níl pighin dá nglacfad nach gcaithfead go fial,
'Sé dúirt Peadar aspal leis an Eaglais más fíor,
Go bhfuilid uile saor ó pheaca lucht ólta na dí.

Dá mbeadh cláirseach in mo pharlúis is í seinm ceoil
Agus ceárta ins gach coirnéal ag bualadh óir,[17]
Nach míle fearr liom mar tá mé gan maoin ná stór,
Mo chárta in mo láimh agam 's mé síoraí ag ól.

Tá dream insan tír seo shanntaíos maoin, airgead agus ór,
Is dream eile 'na dhiaidh sin shanntaíos maoin capaill agus
    bóaibh[18]
Nach mb'fhearr dóibh cuid do roinnt de, is an chuid eile
    d'ól,
Ná an t-iomlán bheith caillte tráth do rachaidís faoin
    bhfód.

Deir an chléir liom go bhfuil olcas san mboicín dí,
Is a bhfuil de bhráithribh ó Chalais go Bóinn is go Scríb,
Ba míle b'fhearr fios ag ardrí na n-ord is na naomh
Is é bhí i láthair ag bainis Chana agus d'ordaigh fíon.

Atá cóip eile den amhrán so ann, is fearr ná an ceann do thug mé
anso. Tá sé cosúil leis an gceann do thug mé anso, ach níl sé chomh
cosúil sin leis nach fiú a thabhairt anois.

An Tráth Chuirim-se Garraí

An tráth chuirim-se an garraí
    Ní éiríonn sé liom.
Tig mustard breá álainn air
    'S bláth buí os a chionn.

16 'Go bráth' sa ls.,focal ghnidheas droch 'uaithne' .i. drochfhuaim.
17 Ag *coin*ál óir i ls. eile.
18 i.e. bath; (= ba).

I Sowed my Garden

I sowed my garden and it did not succeed with me,
There was plenty of mustard in it and a yellow blossom overhead on it.
It would not give as much as the grain or the barley that would make
  ale,
And sure it is the continual drinking of the quarts that left this little
  hut feeble.

'Tis what the clergy say to me, that I do not do the thing that is right,
And after that, that I do not submit to Peter or to Paul.
The love of God on me (*i.e.*, I swear), but I'll foresake His law any
  more (*i.e.*, in future),
And sure it is themselves (*i.e.*, the clergy) who have the feasting on
  wine and on beer.

Gleaning or packing (?) I never will do,
There's not a penny that I'll get but I'll spend generously,
'Twas what Peter the Apostle said to the Church, if it's true,
That they are all free from sin, the people who quaff the drink.

If I had a harp in my parlour, and it playing music,
And a forge in each corner beating out gold,
Would not I like it a thousand times better, to be as I am without
  goods or store,
My quart in my hand, and I ever drinking.

There is a sort of people in this land, who fancy wealth, silver, and
  gold,
And another sort after that who fancy wealth, horses, and kine;
Were it not better for them to distribute one portion of it, and to
  drink the other,
Than the whole to be lost, as soon as they go under the sod.

The clergy say to me that there is wickedness in the cup of drink,
And all the friars who are from Calais to Boyne and to Sgrib (say so),
The high king of the Orders and of the saints knew a thousand times
  better,
It was he was present at the marriage of Cana, and who ordered wine.

There is another copy of this song which is better than the one
I have given here. It is like it, but not so like it as not to make it
worth while giving it:

When I Sow the Garden

When I sow the garden,
  It does not succeed with me,
There comes fine handsome mustard on it,
  And a yellow blossom above on it,

Ní bheir sé fiú an ghráinne
A dhéanfadh arán dúinn ná lionn,
'S gurb é síor-ól na gcárta
D'fhág an bothán so fann.

Dá mbeadh cláirseach in mo phárlús
Is í in úim[19] ceoil
Agus ceárta gach lá agam
Ag '*coin*ál' óir
Míle fearr liom mar tá sé
Gan maoin ná lón
Ach cárt in gach láimh liom
'S mé go síoraí ag ól.

Is ioma sin deigh-fhear
Gach orlach go croí
Sínte ins na díogaibh
Ó shíor-ól na dí.
Is é mheasaim agus shílim
A stóir mo chroí
Gur daoine chum Críost
Na pótairí!

Tá drong ann a shanntaíos
Maoin, airgead agus ór,
Agus drong eile a shanntaíos
Maoin chaorach agus bhó.
Míle fearr liom mar tá mé
Gan maoin ná lón
Ach cárt in gach láimh liom
'S mé go síoraí ag ól.

Dá bhfaighinn cárt de lionn Mhárta
Sul[20] d'éireodh an ghrian,
Agus cárt de lionn Spáinneach
I gcionn tamaill 'na dhiaidh,
Cárt os cionn cárta
Is na cáirt eile ag triall,
Súgach sásta bheinn an lá sin
Is ba ró-lách mo chiall.

Is sampla maith an difear atá idir an dá amhrán so ar an tslí ina
bhfaighimid an t-amhrán céanna ó dhaoine éagsúla, nó in áiteachaibh
i bhfad ó chéile. Ní hiad ach na príomh-amhráin mhóra — agus beagán

19 'ann uaim' sa ls.
20 'sul fá' sa ls.

It does not give as much as the grain
  Which would make bread for us, or ale,
And sure it was the constant drinking of the quarts
  That left this hut feeble.

If there were a harp in my parlour
  And it in musical order,
And a forge every day for me
  Coining gold,
I like it a thousand times better as it is,
  Without goods or provisions,
But a quart in each hand
  And I constantly — drinking.

Many is the fine man
  Each inch to the heart,
Stretched in the dikes
  From constant - drinking of the drink.
What I judge, what I think, is
  Astore mo chree (treasure of my heart),
That they are men whom Christ created —
  The drinkers.

There are a people in it who covet
  Goods, silver and gold,
And another people who covet
  Goods of sheep and of cows,
I like it a thousand times better as I am,
  Without goods or provisions,
But a quart in each hand,
  And I constantly drinking.

If I were to get a quart of March ale,
  Before the sun would rise,
And a quart of Spanish ale
  In a little while afterwards,
A quart on top of a quart,
  And the other quarts a-coming,
Merry satisfied would I be that day,
  And very kindly would be my sense.

The difference that is between these two songs is a good example
of the way in which we get the same song from different people,
or in places far from one another. There are only the great first-rate

acu sin féin — nach mbeidh athrú iontu ó chontae go contae, agus
ó chúige go cúige.

Bhí bard tartmhar eile do rinne amhrán ar an ól, agus ar é féin
bhí dá iarraidh, ach níl fhios agam cé hé. Is sean-amhrán é, agus is
dóigh gur Connachtach do rinne é, agus ar an ábhar sin bhéarfaidh
mé anso é, cé nach bhfuil sé ró-mhaith. Is greannúil go leor fearg
an bhaird leis an mnaoi bhoicht do bhí ag díol an leanna. Is cosúil
gur le amhrán eile bhaineas an rann déanach.

Bean an Leanna

Tá bean rua ar an mbaile seo in aice na ceárta
Síor-dhéanamh lionn a reaca is ag creachadh daoine áirithe,
Dá n-ólfainn-se mo 'rapper' agus paiste den chába,
Ní bhfaighinn braon ar maidin in aisce ná ar cairde.

Is mairg a mbíonn póca air, is a thóin (do) bheith folamh
Tart ar a scóig is é triall go tigh an leanna,
Tráth shíl sí mo stór is mo lón a bheith caite
Bhí tairní sean-bhróige in mo phóca dá gcraitheadh.[21]

D'éirigh mé ar maidin mo scraiste as an ngríosaigh
'S d'iarr mé ar bhean-an-leanna mo channa do líonadh,
'Níl braon agam ar maidin is téirigh abhaile go hoíche,
Téifidh[22] mé ar maidin is tarraigh Dé hAoine.'

D'ólfainn is d'ólfainn is d'ólfainn do shláinte
'S dá mbeinn ar bord loinge d'ólfainn ní b'fhearr í.
Dá mbeinn-se mo bhean altraim d'oilfinn do pháiste
Chuirfinn crios ceangal air is bindealán fáiscthe.

30.8.1890 Ba mhaith an 'sós' an Cearbhallánach féin ag líonadh na ngloine agus
á bhfolmhú arís, agus níl aon amhrán óil is fearr i dteangain ar bith
ar a bhfuil eolas agamsa, ná an dán molta an uisce beatha do rinne
sé agus thosaíos:

'Nuair éiríonn tú ar maidin bíodh do lámh dheas uait sínte' 7rl.

Is é sin an t-amhrán is breátha agus is binne dar cumadh ar droim
na talún ariamh ag moladh na biotáille, ach ní bheirim anso é mar
tá sé (go hádhúil) le fáil i leabhar Uí hArgadáin [*Féach Aguisín*], ach
cuirfidh mé síos ceann beag eile do rinne sé, nach raibh ariamh i gcló.

21 'go ceolmhar dá gcrathadh' sa ls.
22 'Teithe mé' sa ls. Ní thuigim an líne seo.

songs — and few of them itself (*i.e*, of even them) — in which there will not be a change from county to county, and from province to province.

There was another thirsty bard who made a song about the drink and about himself who was seeking it, but I do not know who he was. It is an old song, and it was surely a Connacian who made it, and, therefore, I shall give it here, though it is not very good. The indignation of the bard against the poor woman who was selling the ale is amusing enough. It is likely that the last verse belongs to another song:

The Ale Woman

There is a red-haired woman in this village, near the forge,
Ever-doing the selling of ale, and ruining certain people.
Though I were to drink my wrapper (in her house) and a patch off
    my cape
(Yet) I would not get a drop the (next) morning (from her) either
    gratis or on 'tick.'

It is a pity of the man who has a pocket and its bottom to be empty,
Thirst on his throat and he travelling to the ale-house
When she thought that my wealth and provision were spent
I had the nails of an old brogue musically rattling in my pocket (to
    deceive her).

I rose up in the morning a miserable-creature out of the embers,
And I asked the ale-woman to fill my can.
'I haven't a drop this morning and go home till night,
I'll heat (brew) in the morning and do you come on Friday.'

I would drink, I would drink, and I would drink your health,
And if I were aboard a ship I would drink it better.
If I were my (*i.e.*, a) nurse I would rear you a child,
I would put a binding-girdle on him and a squeezing-wrapper.

The Carolan himself was a good 'warrant' to fill the glasses and empty 30.8.1890
them again, and there is no better drinking-song in any language that
I know of, than his poem in praise of whiskey, which begins:

'When you rise up in the morning let your right hand be stretched
out,' &c.

That is the finest and most melodious song that was ever shaped
on the ridge of earth praising whiskey; but I do not give it here, as
it is, luckily enough, to be got in O'Hargadan's or Hardiman's book
[*Vid. Appendix*], but I shall put down here another little one which
he made, and which never was in print:

Sláinte an Fuisce

Sláinte an fuisce tá fial breá folláin
Is ioma croí marbh a thógfas sé,
Ón rí go dtí an bacach ba mhian leo bheith 'n aice
Dá mhéid a dtaithí ba mhóide a spéis.

('Cearant' nó 'Curfá')
Má chastar an sagart ort
Buail ar an mala é,
D'ólfadh an bodach
A sháith é féin!

Fóill! arsa an chailleach, 's í ag éirí ar maidin
Triall chun an aifrinn nó dul go tigh Dé
Muna mbeadh 'gam ach pighin do bhéarfainn ar
naigín (í)
Seo dhuit mo phaidrín lán mo bhéil.

Má chastar an sagart ort
Buail ar an mala é
D'ólfadh an bodach
A sháith é féin!

Dul faoi an gcorrach duit bain faoi[23] go socair
Ní fhearr dhuit ar fhlocas ná ar leaba do luí,
Do luí ins an lathaigh ó oíche go[24] maidin
Ól gloine fuisce, 's bí slán 'na dhiaidh.
Má chastar an sagart ort
Buail ar an mala é
D'ólfadh an bodach
A sháith é féin.

Fuair mé amhrán óil eile a raibh ainm an Chearbhallánaigh os a chionn, ach ní chreidim gurb eisean do rinne é. Measaim go bhfuair Ó Cearbhalláin an oiread sin de chlú agus de cháil, go ndeachaigh a ainm le mórán de na nithe nár chum sé féin ariamh. B'ioma scríobhaí chuirfeadh a ainm-sean síos nuair a bhíodh sé ag scríobh amach seanamhráin, agus nuair a bheadh fear ag gabháil seandáin agus gan fhios aige cé chum é, déarfadh sé gurb é an Cearbhallánach do rinne é, agus ar an ábhar sin is beagnach cinnte mé gur leagadh mórán ar ár mbard nach ndearna sé ariamh, ach go mbíodh an cháil sin air do ndearna. Fuair mé an t-amhrán so leanas i scríbhinn mhaith mheamraim do rinne Dónall Ó Muilleoin éigin sa mbliain 1830 chun úsáide Uilliam Monck Mason, agus deir sé gur bhain sé an t-amhrán

23 'Bainnfuighe; i n-aon fhocal sna lsí.
24 'Go dtí maidin' sna lsí, acht tá an iomarcuidh siolla ann-sin.

Health to the Whiskey

Health to the whiskey, that's generous, fine, and wholesome;
It's many the dead heart it raises up.
From the king to the beggar, they'd like to be near it;
The more they frequent it the greater their love.

Chorus
    If the priest meets you
    Strike him on the forehead —
    The churl would drink
        Enough of it himself.

'Easy! says the hag, and she rising in the morning,
  Journeying to Mass or going to the house of God,
If I hadn't but one penny I'd give it for a naggen;
  That's my Rosary — the full of my mouth (of it).

    If the priest meets you, &c.

Going through the Curragh, if you attack it quietly,
  'Twere no better for you to be lying on a flock-couch or a bed (than
      on the curragh with your bottle).
(After) your lying in the mud from morning till evening
  Drink a glass of whiskey, and be well after it.

    If the priest meets you, &c.

I got another drinking-song, over which was Carolan's name, but
I do not think it was he composed it. I fancy Carolan got so much
fame and reputation that his name went along with many things that
he never composed himself at all. Many was the scribe who used
to write down his name when he was copying out an old song, and
when a man used to be singing some old poem without knowing who
composed it he would say that it was Carolan who made it; and for
this reason I am nearly sure that much was left on (*i.e.*, imputed to)
our bard that he never made himself, but he used to have the
reputation of having made them. I got the song which follows in
a good parchment manuscript, which some Donal O'Malone made
in the year 1830 for the use of William Monck Mason; and he says
that he took this song and a lot more out of the original manuscript

so agus a lán eile as scríbhinn bhunúsaigh 'Shéamais Uí hEagartaigh do bhí 'na chomráid agus 'na charaid dhíleas don Chearbhallánach'. Ach gan buíochas dó sin, sílim go ndearna sé earráid mar is cosúil gur sine go mór ná an Cearbhallánach an céad rann ar mhodh ar bith. Ach so é:

Tá Bás ar mo Chroí le Tart

A 'landléidí' na páirte
Tá 'n bás ar mo chroí le tart,
Beannacht rí na ngrásta dhuit
'S tabhair 'm cárt eile líonta isteach,
Seo giní den ór is fearr duit
Is bain féin do 'recknál' as,
Súd fá thuairim sláinte
Chúil álainn mo chailín deas.

Is nach lách aigeantach aerach
Ghabhas mo ghrá-sa suas an gleann
Chuala mé liúit dá séideadh
I m'éisteacht mar bhí sí binn.
Thógfadh sí croí bheadh baortha
Le guth éadrom 's le glórthaibh binn',
'S nach trua leat mé bheith aonraic²⁵
Liom féin 's mé ar chúl mo chinn.

6.9.1890 Is é an fáth fá ar shíl mé gur sine an t-amhrán so ná aimsir an Chearbhallánaigh gur chualas dán ó sheanmhnaoi i gContae Roscomáin a raibh an véarsa so ann. Ba duine éigin do bhí dul i bhfolach ar feadh na gcnoc do rinne é nuair chonaic sé áras a ghrásan uaidh. Is ar iníon Uí Dhrúdaigh éigin do cumadh an t-amhrán, agus is dóigh gur in aimsir an Dara Rí Shéamais do rinneadh é, mar tá fuíollach caisleáin Mhuintire Drúdaigh le feicsint fós ar bhruach Loch Uí Ghadhra, agus do bhí an fear déanach acu curtha i reilig Chille-na-Manach agus tá a uaigh ann fós, agus scríbhinn gearrtha ar an leac, adeir go raibh sé ina oifigeach in aimsir Rí Shéamais, agus is dóigh gur ar a iníon-san do cumadh an dán so, leis an díbirteach do bhí ar a choimhéad. Seo anois an t-amhrán mar chuala mise ón tseanmhnaoi é, gan aon rud do chur leis nó do bhaint de, ach mar scríobh mé síos óna béal féin é. Cuirim focal, agus líne nó dó le líonadh suas na rann, ach cuirim i slabhrachaibh iad.

---

25 'Aonruic' = aonarach nó aonránach. Deir an t-Athair Ó Gramhna liom go ndeirid 'aonrac' i n-Árainn.

'of James Hegarty, who was Carolan's companion and dear friend.'
But, in spite of this, I think that he made a mistake, for it is probable
that the first verse, at all events, is older than Carolan's time. Here
it is:

There is Death on my Heart with Thirst

Oh, landlady of my part (*i.e.*, my dear),
  There is death on my heart with thirst;
The blessing of the King of Graces on you,
  And give me in another quart filled.
Here's for you a guinea of the best gold,
  And take your reckoning out it yourself,
Here's to the health
  Of the lovely *cool* (back head of hair) of my Colleen
    d'yas.

And is it not courteously, spiritedly, airily,
  My love goes up the valley;
I heard a lute (flute?) being blown
  In my hearing, for she was melodious.
She would raise up a heart that would be troubled
  With her light voice and melodious words,
And do you not think it a pity me to be desolate
  By myself, and I on the back of my head!

The reason why I thought that this song is older than the time of   *6.9.1890*
the Carolan is that I heard a poem from an old woman in the county
Roscommon, in which this verse was. It was someone who was going
hiding amongst the hills who made it when he saw from him (*i.e.*,
in the distance) the dwelling of his love. It was on a daughter of some
O'Drury that this song was composed, and there is no doubt that
it was made in the time of King James II, for the remains of the
Castle of the Drurys are yet to be seen on the bank of Lough Gara,
and the last man of them was buried in the churchyard of
Kilnamanagh, and his grave is still there, with an inscription cut
upon the flag, which says that he was an officer in King James' time,
and it is likely that it was for his daughter this poem was composed,
by the outlaw on his keeping. Here is the song as I heard it from
the old woman, without adding anything to it or taking anything
from it, but just as I wrote it down from her own mouth. I add a
word or a line or two to fill up an occasional stanza, but I enclose
them in brackets.

Iníon Chaiptín Drúdaigh

A londuibh ná déan dearmad
Ar an teachtaireacht chuir mé leat
Thart go Bearna Chearbhúile
Chun an tí ar thaoibh an chnoic.

Aithris do mo Bhailintín
Go bhfaca tú mé aréir ag gol,
Agus aithris arís dom' Bhailintín
Go bhfaca tú mé ag caoi go bocht.

Má bheir sí comhrá taitneamhach
A londuibh (a éinín) duit,
Leig fead orm a londuibh
'S ar an móimid beidh mé amuigh.

A iníon Chaiptín Drúdaigh
Is tú scrúid mo chroí in mo lár,
D'fhág tú m'intinn brúite
Le cumha (gach) uile lá.

A chomaráid mo pháirte
Tá bás ar mo chroí le tart,
Más tusa féin mo ghrá-sa
Tabhair dom cárta líonta ceart.

Níl ach aon choróin amháin agam
Bain gach pighin do recknáil as,
Go n-ólfaidh mise sláinte
An chúil álainn mo chailín deas.

Nach mór mór an fáth bróin domsa
Buaireamh agus briseadh croí
Mo stóirín a bheith dá pógadh
Ag an smólach ar leaba tuí.

Ar fheabhas do sheinnfinn ceol di
Lá fómhair is mé baint an lín,
Agus creach agus milleadh go deo deo
Ar an óig-bhean nár fhan mar bhí.

Cheannaigh mise buidéal réite
Dom féin, is dom' mhíle grá,
Braon ní bhlaisfeadh 'na béal de
Agus mhéadaigh sí m'aicíd báis.

Gléastar long agus rachaimid
Agus stiúrfaimid anonn sa tsnámh
(Agus triallfaimid as an oileán so
Thar sáile go dtí an Spáinn).

Captain Drury's Daughter

Oh, blackbird, make no forgetting
Of the message I sent with thee
Round to Carrol's gap
To the house upon the side of the hill.

Tell to my Valentine
That you saw me weeping last night,
And tell again to my Valentine
That you saw me lamenting miserably.

If she give pleasant discourse,
Oh, blackbird, oh, bird, to thee,
Let a whistle on (for) me, oh, blackbird,
And on the moment I will be out.

Oh, daughter of Captain Drury,
It is thou who hast scrutinised my heart in my middle,
Thou hast left my mind bruised
With melancholy every day.

Oh, comrade of my part (*i.e.*, my dear comrade),
There is death on my heart with thirst,
If you yourself are my love
Give me a quart filled up rightly.

I have but one only crown,
Take every penny of your reckoning out of it
Till I drink the health
Of the lovely head-of-hair of my Colleen D'yas.

It is not a great, great cause of grief to me,
A trouble and breaking of heart
My treasu*reen* to be being kissed
By the thrush upon a bed of straw.

Most excellently would I play her music
On a harvest day and I reaping the flax,
And destruction and spoiling for ever, ever,
To the young woman who did not remain as she was.

I bought a bottle-of-reconciliation
For myself and my one-thousand-loves,
A drop of it she would not taste in her mouth,
And she increased my death disease.

Let a ship be prepared and we will go,
And we will steer across in the water,
And we will journey out of this island
Across the brine to Spain.

Cheannaigh mise cnónna[26] 'gus úlla
Dom dheirfiúirín ba mhaiseach féin,
Gach ní dá raibh in mo chumhachta
Gúna mar ba thaitneamhach léi.

Dá mbeadh agam na cúig chúige
Dúiche Brúna agus leath an tsaoil,
'S gan mo bhaibín a bheith sa gcúis
Agus níor súgach le mo chailín é.

Beannacht do Rí na ríthe!
Na maol-chnoic a n-imím ann,
Is fada liom lá agus oíche ansin
Ná bliain ins an mbaile thall.

Is ann nach gcuirfí an t-ionadh
Faoi an díleann dá thonnadh ann,
Is ar nós na gcopaire buí
Bhíonn líonta lán de lionn.

Is trua nach bhfuilim i Sacsana
Is mo chailín as Éirinn liom
I lár na farraige gairbhe
A' ruaigeadh ó thonn go tonn.

Is trua nach bhfuilim i Sacsana
Agus 'pass' agam ó láimh an rí,
'S mó shiúirín do bheith in aice liom
'S níorbh fhada liom lá ná oích'.

A' síor-líonadh leanna,
Dá scaipeadh ar dhá dtrian an tsaoil,
'S nach mór mór an t-ábhar magaidh,
Ag duine, bheith i ngrá le mnaoi!

13.9.1890 Thug an t-Athair Eoghan Ó Gramhna dom amhrán eile a raibh an
rann so, 'A chomaráid mo pháirte' ann. Fuair seisean in Inis Meáin
Árann é ag mnaoi darb ainm Máire Ní Fhatharta as baile Cinn-an-
Bhaile. Ag so mar fuair seisean é:

A Bhean an Tí

'S a bhean an tí, Ó, na páirte
Tá an bás ar mo chroí le tart,
Nach breá nach dtigeann tú láithreach
Agus cáirt thabhairt líonta leat!

26 *'cnoa' sa téacs.*

I bought nuts and apples
For my sistereen, who was lovely herself,
Everything that was in my power,
A gown as it was pleasing to her.

If I had the five provinces,
The estate of the Browns and half the world,
And without my childeen to be in the question,
And it would not be pleasant to my girl.

Blessing be to the King of Kings!
The bald-hills in which go!
I think a day and a night here longer
Than a year in the village beyond.

It is there that wonderment would not be put (given)
Under (to) the deluge (of drink) running-in-waves there,
And on the fashion of the yellow coppers (vats)
That are filled full up of ale.

It is a pity that I am not in Sasanie (England),
And my girl out of Erin with me,
In the middle of the rough sea,
Routing from wave to wave.

It is a pity I am not in Sasanie,
And a 'pass' with me from the king's hand,
And my sistereen to be near me,
I would not think day or night long.

Ever-filling up ale
And scattering it on two-thirds of the world,
And is it not a great, great cause of mockery
For a man to be in love with a woman!

Father Eugene O'Growney gave me another song, in which was this *13.9.1890*
verse, 'Comrade of my love,' &c. He got it in the Middle Island of
Aran, from a woman named Mary Flaherty, from the townland of
Kinnaually. This is how he found it:

Oh, Woman of the House

And woman of the house, oh! of my love,
There is the death on my heart with thirst;
Is it not well (*i.e.*, I wonder) you do not come forward
And bring with you a quart filled up.

Tá velvet lena chába
Is bríste den chórda buí
Is gheobhaidh sé í le pósadh
Míle stóirín nach maith an oidhre í.

Nach breá nach dtigeann tú, a ghrá gheal,
Is mé fháil ó mo mhuintir féin,
Nach breá nach dtigeann tú, a Sheáin dhil,
Is mé fháil uathu uile go léir
'S an lá nach bhfuil tú sásta
Leis an gcás údan (i.e. úd) fheiceáil réidh,
Déantar cónra[27] chláir dom
Is cuirtear mé go domhain[28] sa gcré.

Fuair an tAthair Ó Gramhna amhrán eile ón mnaoi chéanna, a
bhfuil rann ann cosúil le rann de na ranntaibh im' amhrán-sa. Ag so é:

Is Trua gan Mé is mo Chéad-searc

Is trua gan mé is mo chéad-searc
Ar bord ag dul anonn,
An loing is breátha ag rí Seoirse
Faoi sheol go dtéimis ann.
Tá giní buí im' phóicín
Is bain do reicneál as,
Go n-ólfainn sláinte Mháirín
Cúl álainn mo chailín deas.

Marach gur gheall tú mé phósadh,
Gheobhainn áras ag mo mhuintir féin,
Ba agus caoirigh bána
Agus páirc lena gcur ar féar.
Is go mb'fhearr liom seoladh measc na mbó
Is na gamhna ar fud an lae,
Is cead agam do bheith ag caint
Is ag comhrá le stór mo chléibh.

Chaith mé bliain is ráithe
Ag obair shnáthaide i gCúige Laighean
Ní fhacas bean mo chráite
Go dtáinig mé go Connachta
Bíonn pobal buairithe cráite
Gan áireamh ar mo mhúirnín féin,
'S gur sa gcill úd thall tá m'áras
Is gur gearr go ngabhfad sa gcré.

27 Cónra = cómhra.
28 Go domhain = go doimhin.

There is velvet in his cape
And breeches of the yellow cord,
And he will get her to marry;
Thousand treasures, is not she a good heir! (*i.e.*, she
    deserves it well).

Is it not well (*i.e.*, I wonder) that you come not white
    love,
And to take me from my own people;
Is it not well that you do not come, dear Shawn,
And take me from them altogether.
And the day that you are not satisfied
To see this case (of our marriage) settled,
Let a coffin of boards be made for me,
And let me be put deep down in the clay.

Father O'Growney got another song from the same woman, in
which is a verse like a verse of the verses in my song. Here it is:

I Wish that I

Tis a pity without me (*i.e.*, I wish that I) and my first love
On board, going across;
The finest ship King George has
Under sail, sure we would go in her.
I have a yellow guinea in my pocket*een*,
And take your reckoning out of it,
Till I drink the health of little Mary,
The lovely head-of-back-hair of my Colleen D'yas.

If you had not promised to marry me;
I would get a dwelling with my own people,
Cows and white sheep,
And a field to put them on grass.
And sure I would sooner drive amongst the cows,
And the calves throughout the day,
And I to have leave to be talking
And conversing with the treasure of my bosom,

I spent a year and a quarter
Working a needle in the province of Leinster,
I saw not a woman to grieve me
Until I came to Connacht.
The people do be troubled, perished,
Without counting my own darling;
And sure it is in yon churchyard my dwelling is,
And sure it is short till I shall go into the clay.

20.9.1890 Dúirt duine uasal sa n*Gaodhal* go bhfuil an dá amhrán so measctha tríd a chéile agus gur le Coinleach Glas an Fhómhair bhaineas cuid de na véarsaí seo. Níl mór-chuid amhrán ann is mó clú ná Coinleach Glas an Fhómhair, ach is beagán de dhaoine a bhfuil eolas acu air anois agus ní raibh sé ariamh i gcló. Béarfaidh mé anso cóip de, ar bhain mé cuid di as scríbhinn le Nioclás Ó Cearnaigh Chontae Lú, agus cuid eile di ó bhéal-labhairt sean-mhná i gContae Mhaigh Eó. Measaim ina dhiaidh sin uile, nach bhfuil an chóip seo iomlán; agus creidim go bhfuil píosa eile suaite leis. Is an-doiligh anois na príomh-amhráin mhóra féin d'fháil go díreach mar do cumadh iad ar dtús.

Coinleach Glas an Fhómhair

Mallacht rí na hAoine don té dhíbhir mo ghrá-sa bhfad
    uaim,
Gan fáil agam teacht 'na goire san oíche nó go moch Dé
    Luain.
Dá mbeinn-se amuigh faoin díleann 's an oíche bheith cur
    sneachta aduaidh,
Lem ró-shearc dá bhfaighinn cead sínte, bheinn chomh
    aoibhinn leis an eala ar chuan.

Ar choinleach glas an fhómhair, a stóirín, do dhearc mé
    thú,
Ba dheas do sheasamh i mbróig, is ba ró-dheas do leagadh
    súl,
Do ghrua mar an rós, is do chúilín deas fite dlúth,
Mo léan nach lánúin phósta sinn, ar bord loinge ag triall
    ar siúl.

D'éirigh mé Dé Domhnaigh, is dar liom féin go raibh an
    mhaidin fuar,
Cé d'fheicfinn ach mo stóirín 'na léine is í[29] i bhfad uaim,
Dhruideas faoina déin is dá bhféadfainn[30] do rachainn chun
    suain,
In ainneoin a bhfuil 'na diaidh orm ní féidir a coinneáil
    uaim.
Nach mise bhí go brúidiúil im cheolán 's mé i dtóin an tí,
Ag gol 's ag sileadh deor trom, 's ag comhrá le mo
    Bhailintín.
Ní raibh agam de ghlór ach mar ghé (air) gur a' magadh
    bíodh (?)
Ach tá mé óg go leor, is ní phósfad go mbéad in aois.

---

29 *'is i bhfad' sa téacs.*
30 *'dá dhfeudfainn' sa téacs.*

A gentleman, writing in the *Gaodhal*, said that these two songs were *20.9.1890* mixed through each other, and that it is to the song, 'The Grey Stubble of Autumn,' some of these verses belong. There are few songs of greater fame than this 'Grey Stubble of Autumn,' but there are few people who know it now, and it never was in print. I shall give a version of it here that I took, partly out of a manuscript by Nicholas O'Kearney, of the county Louth, and partly from the recitation of an old woman in the county Mayo. I believe, after all, that this version of mine is not complete, and that there is another piece mixed up with it. It is very difficult now to get even the great original songs exactly as they were at first composed.

The Grey Stubble of Autumn[2]

The curse of the King of the Friday to him who banished my love
    from me,
Without my getting (leave) to come near her in the night or early
    on Monday morning.
If I were to be out under the deluge, and the night to be snowing
    snow from the north,
With my very-love, if I were to get leave to stretch, I would be as
    happy as the swan in the bay.

On the grey stubble of harvest, oh, treasureen, I beheld thee;
Lovely was thy standing (with thy feet) in shoes, and very lovely was
    the down-throwing of thine eyes;
Thy cheek like the rose, and thy cooleen lovely, woven, close;
My grief that we are not a married couple on board ship journeying
    away.

I rose up on Sunday, and it seemed to me the morning was cold,
Who should I see but my treasureen in her shirt, and she far from me.
I approached towards her, and if I were able I would go and repose,
In spite of all that are after her on me (grudge her to me), it is im-
    possible to keep her from me.

It is I who was brutish, a miserable-creature at the back of the house,
Crying and shedding heavy tears, and conversing with my Valentine.
I had no more voice, but like a goose clocking, mocking (?);
But I am young enough, and I shall not marry till I go into age (get
    older).

2 I think the title of this song rather means 'The Harvest After-Grass.' In Roscommon, 'Connlach' means oat-stubble; but 'glaschonnlach' means after-grass i.e. the green grass that sprouts up after a meadow is mown.

Ach go raibh mé dána, gheobhainn áras ag mo mhuintir
féin,
Ba agus caoirigh bána, agus páirceanna lena gcur ar féar;
Codladh ar feadh an tsamhraidh, agus greann mór á
dhéanamh díom,
Míle fearr dom dul ar m'aimsir, 's bheadh cead cainte
'gam le grá mo chroí.

A bhean-leanna chaoimh na páirte, tá an bás ar mo chroí
le tart
Tabhair aon ghloine amháin dom, is cárta beag dí len' ais.
Tá giní buí in mo phóca, a stóirín, bain d'éileamh as,
Go n-ólfaidh mise sláinte chúil álainn mo chailín deas.

An measann tusa (a) ógánaigh go leonfaidh tú mé le cleas
ad' gheall (?)
'S a liacht cailín ró-bhreá faoi ualach uait anonn 's anall.
B'fhearr liom baint is bualadh agus tuargaint go dtí lá mo
bháis,
Ná do leanbh bheith ar mo ghualainn ag cur do thuairisc
gan tú le fáil.

Conas nach dtig tú a Sheoin, is mo thógáil óm mhuintir
féin?
Conas nach dtig tú a ghrá bháin, is mo thógáil uathu uile
go léir?
An ní úd atáimid ag trácht air, is nach dán dúinn a
fheiceáil réidh,[31]
Och! déantar cómhra cláir dom agus fágtar mé thíos i gcré.

Ceanglann an t-amhrán so an dá amhrán úd Uí Ghramhna le chéile,
óir tá véarsaí as an dó ann, agus ina measc tá an véarsa 'A bhean
an tí na páirte' agus an véarsa 'Bain do reicneál as' 7rl. Ach i ndiaidh
an mhéid dúirt mé thuas ní chreidfimid go foras gurb é Ó Cearbhalláin
féin do rinne an t-amhrán beag thuas thosaíos 'A Landléidí na páirte'.
Mar atá mé ag trácht ar amhránaibh na mbard tartmhar anso, bhéar-
faidh mé cúpla rann do chum Connachtach darb ainm an Caisideach,
ag tabhairt cuntais dúinn ar a shlí bheatha féin. Bhí cáil mhór ar
an gCaisideach so, ach cé gur chuala mé trácht air go minic, admhaím,
mó léan!, nach dtig liom mórán fháil amach dá thaoibh. Bhí sé tugtha
don spórt agus don ól, mar mórán dá dheartháireachaibh, agus más
fíor dó féin ní raibh sé ró-chóir ná ró-chneasta. Glaonn siad 'Faoistin
an Chaisidigh' ar an amhrán so, ina n-admhaíonn sé a dhroch-bhéasa
féin:

31 'Feiceadh reigh' sa ls.

Except that I was bold I would get a habitation with my own people;
Cows and white sheep, and fields to put them on grass.
Sleep during the summer, and great sport a-making of me.
A thousand times better for me to go on service, and I would have
    leave to talk with the love of my heart.
Oh, gentle ale-woman of the part (*i.e.*, my dear), the death is on my
    heart with thirst,
Give me but one only glass, and a little quart of drink beside it.
I have a yellow guinea in my pocket: oh, treasureen, take your charges
    out of it,
Until I drink the health of the lovely *cool* of my Colleen D'yas (pret-
    ty girl).
Dost thou think, oh, youth, that thou shalt wound me with a trick
    . . .
And the number of very-fine colleens under trouble by thee backwards
    and forwards?
I would sooner reap and thresh and beetle till the day of my death
Than thy child to be on my shoulder, asking information about thee,
    and without thee to be got.
How is it thou dost not come, oh, Shone (John), and to take me away
    from my own people?
How is it thou dost not come, oh, white love, and to take me away
    from them all entirely?
That thing of which we are speaking, and of which it is not fated
    for us to see it ready-done.
Och! let a coffin of boards be made for me, and let me be left down
    in the clay.

This song connects together Father O'Growney's two songs, for
there are verses from each of them in it, including the verse, 'Oh,
dear woman of the house,' and the verse, 'Take your reckoning out
of it.' &c.; but after all I have said above we will not easily believe
that it was Carolan himself who composed the little song before given
which begins, 'Oh, dear landlady.'
    As I am speaking here of the songs of the thirsty bards, I shall
give a couple of verses which a Connacian named the Cassidy
composed, giving us an account of his own mode of living. This
Cassidy had a great reputation; but, though I often heard talk of him,
I admit, my grief! that I cannot find out much about him. He was
given up to the sport and the drinking, like many of his brethren,
and, if it is true for himself, he was neither too proper nor too honest.
They call this song 'Cassidy's Confession' in which he acknowledges
his own evil ways.

Faoistin an Chaisidigh

Treabhadh i ngarraí, fál, ná fuirseadh,
(Ná) turn ní dhearnas riamh go fóill
Níor stop mo lámh ó aon chás doscaíoch
Tógaim troid i dtigh an óil.
In aimsir crábhaidh is lú deirim paidreach,
I lár an trosctha is mó ghním craos,
Imrím cártaí, cáinim, ceilim,
Súd í m'ealaín ó thús mo shaoil.
Is trua mo scéal ar theacht an earraigh
Níl mo theach i gcaoi ná i ndóigh
Dalladh mé is ní léir dom an bealach
Is trua mo shamhail i bpiantaibh bróin,
Cíos an rí ná an t-airgead teallaigh
(Sin) ní nár íoc mé riamh go fóill,
Ach déanamh gach slí chun pigneacha thacar
'S dá gcur i dtaisce i dtigh an óil.

4.10.1890 Creidim gurb é seo an bard céanna ar ar ghlaodh siad an Caisideach Bán. Bhí seisean dá thógáil suas le bheith ina shagart, ach bhris sé a mhóide agus phós sé. Rinne sé amhrán air féin, a chuala mé ó shean-fhear — fear briste capall — darb ainm Ó Fallúin as Baile an Tobair Uí Chonchúir in aice le Contae na Gaillimhe. Ní chuimhním anois ach ar dhá rann de, a bhéarfas mé anso, mar chruthú ar bhéasaibh an Chaisidigh seo.

Lá dar Éirigh Mé

Och! lá dar éirigh mé faoin gcoill chraobhaigh
Do casadh orm spéirbhean is í baint cnó,
D'aithris mé léithe go mba bráthair Dé mé,
'S go ndéanfainn a héisteacht ar chúpla póg.
D'umhlaigh an chúileann dom ar a glúnaibh
Agus d'aithris sí dom-sa gach rud nár chóir,
Ach is é an breithiúnas aithrí bhí ar an gcúis sin
Breithiúnas b'fhearr dom-sa ligint[32] dó.

Do bhí bean uasal[33] seal dá luadh liom,
Agus chuir mé suas di, céad faraor géar!
Agus phós mé an stuaic-bhean ag bonn na Cruaiche
Do rinne gual díom i lár mo chléibh.

---

32 Ní sgríobhaim an líne seo mar chualaidh mé é.
33 .i. An Mhaighdean Mhuire, nó an Eaglais.

Cassidy's Confession

Ploughing in a garden, fencing, or harrowing,
  Or a turn (of work), I never yet did;
My hand never stopped from any extravagant deed;
  I raise up fight in the house of drink.
In the time of devotion it's least I say prayers;
  In the middle of the fast it's the most time I do gluttony;
I play cards, I revile, I renague (revoke):
  There's my science from the beginning of my life.

It's a pity my story, coming on the spring,
  My house is not in a (proper) way or state;
I was blinded, and the road is not clear to me;
  It's a pity my like (*i.e.*, one like me) to be in pain of
    grief.
The rent of the king, or the hearth money,
  That's a thing that I never paid yet,
But doing every contrivance to glean money,
  And to lay it up in the house of drink.

I believe this to have been the same bard whom they called the White   *4.10.1890*
Cassidy. He was being brought up to be a priest, but he broke his
vows and married. He composed a song about himself, which I heard
from an old man, a horse-breaker, named Fallon, or O'Fallon, from
Ballintobber of the O'Conor, near the county Galway. I only
remember now two verses of it, which I shall give here as a proof
of this Cassidy's morals.

On a Day that I Rose

Och! on a day that I rose up under the branching wood,
  I met an air-woman (*i.e.*, fair lady) and she pulling nuts;
I told her that I was a friar of God,
  And that I would do her hearing (*i.e.*, hear her confess) for a cou-
ple of kisses.
The fair-haired one submitted to me on her knees,
  And she told me everything that was not right;
But the penance-judgment that was on that case
  Was a judgment it had been better for me to let be.

There once was a noble lady betrothed to me (*i.e.*, the Virgin, or
the Church),
  And I gave her up — a hundred bitter forreers! (alas) —
And I married the overbearing (?) woman at the foot of the Reek,
  Who made of me a coal in the midst of my bosom.

Dá mbeadh an 'chance' sin ar thairseach an teampaill
Bheinn san am sin ar mo chomhairle féin,
Ach anois tá mé caillte is níl gar i gcaint orm
Agus beidh[34] mo chlann bhocht ag gol mo dhiaidh.[35]

Ba mhaith an file an Caisideach so, agus mar tá mé ag labhairt
air, bhéarfaidh mé amhrán do rinne sé ar mhnaoi darbh ainm Bríd
Ní Bhirn, ach níl fhios agam an í an bhean do phós sé nuair bhris
sé a mhóid, nó bean eile dá dtug sé grá ina dhiaidh sin. Is an-olc
iad an dá scríbhinn agam féin ina bhfuair mé an dán, agus is éigean
dom focal nó dhó d'athrú nó do chur isteach le fuaim cheart, agus
le ciall do dhéanamh de, ach gach focal dá gcuirim leis fágaim mar
is gnáthach liom idir slabhrachaibh iad.

Bríd Ní Bhirn

A stáidbhean bhreá dá dtug mé grá,
Mo chreach is mo chrá nach liomsa thú,
('S) nach bhfuil ó Phárthas ní le fáil
A bhéarfadh lá de fhurtacht dúinn,[36]
Muna[3] bhfaighe mé páiste an bhrollaigh bháin,
'S gur gile a bráid[38] ná an eala ar tonn,
Triallfad don Spáinn chun sláinte fháil,
'S a mhíle grá nach[39] dtiocfá liom.

Is binne a béal ná cuach na gcraobh
Gus is gile a déad ná caiseal cnámh.
A mín-chrobh méar do sheinnfeadh ar théad,
Ó! is ag an spéirbhean go cinnte tá.
Is trua gan mé agus rún mo chléibh
I ngleanntán sléibhe na n-alt, chois cuain,
'S gan neach 'nár[40] ngaor ó dheas go hÉirne,
Ach cuach na gcraobh is í seinm dúinn.[41]

Ó (ansin) dá mbeinn d'aithriseoinn[42] scéal
Go bhfuil mé i bpéin i bhfad dod' dhíth,
'S a rí na gcréachta nár fhágaim[43] an saol
Go raibh mé ag bréagadh grá mo chroí.

34 'béid' sa téacs.
35 'dhéigh' sa téacs.
36 'Dam' sa ls.
37 'Mar bhfágh' mé an páiste' sa ls.
38 'bráigh' sa téacs.
39 'Na' sa ls.
40 'Dar' sa ls.
41 'ceóil' sa ls.
42 'd'aithreósainn' sa téacs.
43 'fhágaidh mé' sa ls.

If that chance had taken place on the threshold of the Church
    I would now be on (following) my own counsel; (*i.e.*, independent)
But now I am lost and there is no use in talking of me,
    And my poor children will be crying after me.

This Cassidy was a good poet, and as I am speaking of him, I shall give a song which he composed for a woman named Bridget O'Byrne, but I do not know whether she was the woman he married when he broke his vow, or another woman whom he loved afterwards. My own two manuscripts, in which I got this poem, are very bad, and I have to change a word and put one in here and there to make proper sound and sense of it; but every word I add I leave it as always between vincula.

Bridget O'Byrne

Oh, fine, fair-lady to whom I gave love
    My spoiling! and my destruction! that thou art not mine,
For there is not from Paradise (itself) a thing to be got
    Which would give me a day of relief.
Unless I get the child of the white bosom,
    And sure her neck is brighter than the swan on the wave,
I shall travel to Spain to get health
    And a thousand loves wouldst thou not come with me.

Her mouth is more melodious than the cuckoo of the branches,
    And her teeth are whiter than a rampart of bones,
Her smooth-palm of fingers that would play on strings,
    Oh, it is the air-woman (fair one) surely who has it.
It is a pity without me (*i.e.*, I wish I were) and the secret (love) of
      my bosom,
    In a mountain valley of branching arms (?) beside a bay,
Without anyone in our vicinity from the South to the Erne,
    But the cuckoo of the branches and she singing to us.

Oh, if I were there I would relate a story,
    How that I am in pain for a long time for the want of thee,
And, oh, King of the Wounds, that I may never leave the world
    Until I be coaxing my heart's love.

A chúil na lúb triall feasta ar siúl,
  Agus tóg an cumha so 'rís díom féin,
'S gur leigeas mo rún le do bhéilín dlúth
  Agus m'ansacht thú thar mhnáibh an tsaoil.

Mo léan! a shiúir gan mé 'gus tú
  Fá choilltibh dúnta i bhfad ón ngréin,
Is i gCúige Mumhan dá mbeinn is tú
  Do chuirfinn do chluanaíocht duit-se i gcéill.
Muna bhfaighe mé (le) bréagadh an ógbhean tséimh
  A chloígh go géar mo chroí in mo lár,
Rachaidh mé in éag seach fearaibh an tsaoil,
  'S a Dhia nach mé an t-amadán!

Chuaigh mé as mo bhealach leis an amhrán so an Chaisidigh do
thabhairt ach bhéarfaidh mé anois amhrán eile ar Chathal Mac Aodha
éigin. Creidim gur amhrán Laighneach é ón mBéarla tá ann, agus
ón líne 'ó Bhiorra go Bóinn'. Is cosúil gurb 'Tóraí' nó 'rapaire' an
Cathal so, do bhíodh ag déanamh creiche ar na Sacsanaibh do bhain
a gcuid talún ón tseanGhael. Ba mhaith an preabaire le hól é, agus
le déanamh spóirt.

Cathal Mac Aodha

Cathal Mac Aodha 's é ag suirí le mnaoi
  My dear, will you trust me with a quart of ale.
Oh yes! that I will, and two if you please
  And call them upstairs to Cathal Mac Aodha.

Do dhéanfainn-se creach faoi threise mo neart
  Do réabfainn an teach mór thall ar a thaoibh,
Níl cailín deas óg ó Bhiorra go Bóinn
  Nach siúlfadh an leor le Cathal Mac Aodha.

Thug tú do bhréag, ní bodach mé féin,[44]
  Ach óganach spéiriúil bearadach (?) buí,
Dá mbainfinn luach[45] éadaigh de bhodaigh an Bhéarla,
  Cé mbeadh 'na dhiaidh ar Chathal Mac Aodha.

11.10.1890 Is ioma bard do scríobh comhrá nó argóinteacht idir an mbiotáille
agus é féin. Ag so ceann acu:

---

44 'beartach' b'éidir.
45 *Mach* sa téacs.

Oh, *cool* (fine head of hair) of the looping locks travel forthwith and journey,
   And take this melancholy again from myself,
And sure I left my secret with your close-shut little mouth,
   And, my dear one, you are beyond the women of the world.

My grief, oh, sister, without me and thee (that I and thou are not),
   Beneath close-shut woods far from the sun,
And in the province of Munster if thou and I were
   Sure I would make thee understand thy deceitfulness.
Unless I get her to coax, the wild young maiden,
   Who keenly destroyed my heart in my middle,
I shall go to death beyond (all) the men of the world,
   And, oh, God! is it not I am the fool!

I went out of my way to give this song of the Cassidy, but I shall give now a song upon some Cathal (Charles) Mac Kay. I believe it is a Leinster song from the English that is in it, and from the line 'from Birr to the Boyne.' It is likely that this Cathal was a Tory or Rapparee, who used to be taking a spoil of the English who took their share of land (*i.e.*, their land) from the old Gael. He was a good hero to drink and make sport.

Cathal Mac Kay

Cathal Mac Kay and he courting a woman,
   "My dear, will you trust me with a quart of ale?"
Oh, yes, that I will, and two if you please,
   And call them upstairs to Cathal Mac Kay.

I would take a spoil by the might of my strength,
   I would rend the great house over there, in its side;
There is no handsome young maiden from Birr to the Boyne
   Who would not walk plenty with Cathal Mac Kay.

You've given a lie, I myself am no clown,
   But an airy, deedful (?), yellow-complexioned youth;
If I were to knock the price of aparrel of the churls of the English tongue,
   Who would be after it (*i.e.*, begrudge it) to Cathal Mac Kay?

Many's the bard who wrote a conversation or argument between the whiskey and himself. Here is one of them:

11.10.1890

Comhrá leis an Uisce Beatha

An bard ag ceasacht

Go sloigtear thú, a Uisce!
 Is tú d'fhág scallta mo scóig;
Is minic d'fhág tú folamh mé,
 Gan airgead nó ór;
Ba tú an millteoir, a mhic na mallacht,
 'Gus shlad tú mé as mo stór;
Nuair bhíos mo phóca craite,
 Téann tú 'dtaisce i dtigh an óil.

An fuisce ag freagairt

Ná habair dadamh as bealach liom
 Is mé crann-seasta gach spóirt;
Níl áit ar bith dhá mheasúla
 Nach mé an chré deamhain (?) ar an mbord;
Is mé ceann siamsa ar fud na mbailteacha
 Ag an mbeag is ag an mór;
'S go dtabharfainn croí fairsing, carthanach,
 Don té bhíos cruaidh go leor.

An Bard

Is buachaill mé chomh measúil
 Agus bhí insan tír seo fós
Nó go bhfuil mé anois fáil tarcaisne
 Mar gheall ar bheith dod' ól;
Is minic a chaill mé an tAifreann leat,
 Mo dhinnéar is mo 'breac fasta';
'Sé mo léan gan mise scartha leat
 is tú lom (?) an mhí-á-mhóir.

An Fuisce

Tá ceannfortacha Shacsana
 Go mór mo dhiaidh sa tóir,
Níl áit ar bith dá dtaitním leo
 Nach ndéanaim leo[46] an chóir;
Tá an sean 's an t-óg i ngean orm
 Is an rí tá faoi an gcoróin
Is na sagairt féin dob ait leo
 Mo bholadh fháil faoina sróin.

46 'iad' sa ls.

Conversation with the Whiskey

The Bard complains

That you may be swallowed, oh, whiskey!
  It's you've left my windpipe scalded;
It's often you left me empty
  Without silver or gold.
'Twas you were the destroyer, you son of curses;
  Sure you robbed me out of my store.
When my pocket does be shaken out
  You go and are put by in the house of drink.

The Whiskey answers

Speak nothing out of the way with me,
  I am the sustaining-prop of every sport.
There is no place, however respectable,
  That I am not the credit on the table.
I am the head of merriment throughout the towns
  With the great and with the small,
And sure I would give a generous, friendly heart
  To him who does be very hard.

The Bard

I am a person as respectable
  As ever was in this country yet
Until I am now getting reproach
  On account of being drinking you.
It's often I lost the Mass with you,
  My dinner and my breakfast, too,
My grief I am not parted from you,
  You are the bareness (?) of the great ill-luck.

The Whiskey

The captains of Sesanie (England)
  Are greatly after me in pursuit.
There is no place in which I please them
  That I do not do the right with them.
The old and the young have affection for me,
  And the king who is under the crown,
And the priests themselves they would like
  To have the smell of me under their nose.

An Bard

Níl bealach ar bith dá ngabhaim
Nach tú an chrostacht bhíos romham
Go salaíonn tú mo bhalcaisí
'S go ngearrann tú mo shrón;
Buaileann tú faoin talamh mé
Agus fágann tú gan spreacadh mé
Ach leigheasann tú ar maidin mé
Agus maithim duit níos mó.

An Fuisce

Níl locht ar bith ar m'fhaisiún
Is ní scarfaidh sé liom go deo,
Is mé údar méadaithe[47] an charthanais
Is cóir smachtaithe ar gach gleo,
Saol fada ag an té bhíos blaiseadh liom
Is go maire sé i bhfad beo,
Is dá bhrí sin líontar thart
Is ná bíodh tart ort níos mó.

18.10.1890 Do rinne an Bairéadach as iarthar Chontae Mhaighe Eó amhrán maith eile ar an ól, do bhí, agus atá fós, coitianta imeasc na ndaoine. Rinne sé é in onóir don sagart paróiste ag Béaldurra, an tAthair Éamonn Déan, agus don rectúr Protastúnach do bhí sa bparóiste céanna, darbh ainm Macsuell. Dar ndóigh, ní bhíodh aon tíotótlair ann an aimsir sin, agus níos mó den charthanas idir muintir an dá chreidimh ná anois, b'fhéidir. I gcás ar bith, adeirtear go raibh margadh idir an mbeirt, cé acu is túisce a mbeadh obair an Domhnaigh críochnaithe aige, go rachadh sé abhaile leis an bhfear eile, agus más fíor don scéal, ní scaraidís gan deor is a ndíol d'ól le chéile. B'fhéidir go bhfuil daoine ann adéarfadh gur chuala siad trácht ar Chríostaíbh ní b'fhearr ná an bheirt so; ach ní hamhlaidh do shíl an seanbhuachaill do scríobh an dán fíor-Horatianach so. Ach ag so an t-amhrán féin. Tá sé scríofa go fíor-olc le duine nárbh eol dó an Ghaeilge do scríobh, agus do chuir síos i litreachaibh Béarla, agus i riocht-scríofa an Bhéarla é.

Seo mar atá an chéad rann scríofa aige:

> Is ummee chee ega veeghan deeny,
> Chrinnee peesee as a dheenu store
> Is beg a smweenas er girra an theel shough,
> Go mea sheed sheentee whee lack go foal.
> Etc. etc.

---

47 'Meudughadh' sa ls.

The Bard

There is no place to which I go
That you are not the wickedness that is before me.
Sure you dirty my clothes,
And sure you cut my nose.
You knock me on to the ground,
And you leave me without energy;
But you cure me in the morning,
And I forgive you for the future.

The Whiskey

There is no fault (to be found) with my fashion
(ways),
And it will never part from me.
I am the author of the increase of friendliness,
And the means that checks every quarrel.
Long life to him who does be tasting me,
And that he may live long;
And therefore let (the glasses) be filled round,
And let you have no more thirst.

The Barrett from the west of Co. Mayo made another good song *18.10.1890* on the drink, which was, and yet is, common among the people. He made it in honour to the parish priest of Beuldurra, Father Ned Deane, and to the Protestant rector, whose name was Maxwell, who was in the same parish. Of course, there was no teetotaller out that time, and, perhaps, more friendliness between people of the two religions than now. However, 'tis said there was an arrangement between the two that whichever would first have finished the Sunday's work should go home with the other man, and, if 'tis true for the story, they would not separate without taking a drop and their fill with one another. Perhaps there may be people in it who would say they heard tell of better Christians than these two; but not so thought the old fellow who wrote this really-Horatian poem. But here is the song itself. It is written very badly by a man who did not know (how) to write Irish, and who set it down in English letters and orthography.

Here is how he has written the first *rann*:

Is ummee, &c.

Ag so an t-amhrán go ceart:

Preab san Ól

Is ioma an chaoi ag a mbíonn[48] daoine
Ag cruinniú píosa is ag déanamh stóir,
Is beag a smaoineas ar ghiorra an tsaoil seo
'S go mbeidh siad sínte faoi leic go fóill.
Más tiarna tíre, diúc nó rí thú,
Ní chuirfear pighin leat ag dul faoin bhfód,
Mar sin, 's dá bhrí sin, níl beart níos críonna
Ná bheith go síoraí 'cur preab san ól.

Tá dream de dhaoine le ba is le caoirigh,[49]
Dá gcur chun aonaigh is fáil dochair mhóir,
Dá gcur chun cíbe is as sin chun mínligh,
Pontaí críonna a feictear dhóibh.
Ach déantar fianaise ar an mí seo[50]
Go mbeid ag caoineadh 's ag sileadh deor
Mar sin 's dá bhrí sin níl beart níos críonna
Ná bheith go síoraí cur preab san ól.

Is gearr an saol tá ag an lile sciamhach
Cé gur buí í is gur geal gach ló,[51]
Agus Solamh críonna ina chulaith ríoga
Nach (breá) nach bhfuil baol ar a áille dhó!
Níl insan tsaol so ach mar shionán gaoithe
Ga a scaoiltear nó slam den cheo,
Mar sin 's dá bhrí sin níl beart níos críonna
Ná bheith go síoraí cur preab san ól.

An ceannaí craosach níl maoin ná slí ar bith
Le ór a dhéanamh nach bhféachtar dhó
An ráta is daoire ar an earra is saoire,
Is ar luach sé pighne go mbainfeadh coróin —
An té a ghní sin is dó is baolach
A bheith in íochtar dá bhruith 's dá dhó,
Mar sin 's dá bhrí sin níl beart níos críonna
Ná bheith go síoraí cur preab san ól.

---

48 *recte* air.
49 .i. lé buaibh is lé caorchaibh.
50 'A goal' sa ls., rud nach dtuigim.
51 Mí do tháinig fliuch agus do sgrios a lán eallaigh ann san tír sin.

Here is the song correctly:

A Kick in the Drink

Many's the way in which people do be
Gathering pieces (of money) and making a store;
Few are they who think on the shortness of this life,
And that they will be stretched under a flag yet.
If you are the lord of a territory, a duke, or a king,
Not a penny will be put with you when going under the
    sod,
And so, and for that reason, there is no wiser plan
Than to be always laying into (*lit.*, putting a kick into) the
    drink.

There is a sort of people with cows and with sheep,
 Sending them to a fair and getting great trouble (or loss)
Putting them on keeb (coarse bog grass) and out of that on
    to meenluck (upland).
 Wise points (these are) which appear to them—
But let this month bear witness
 That they will yet be crying and shedding tears,
And so, and for that reason, there is no wiser touch
 Than to be constantly putting a kick in the drink.

Short is the life that the lovely lily has,
 Although it is yellow and white each day,
And wise Solomon in his royal apparel,
 Is it not well (*i.e.*, surprising) that there was no fear of his
beauty (equalling the lily?).
There is nothing in this world but as it were a breeze of
    wind,
 A sunbeam that is loosed, or a shred of mist;
Therefore, and for that reason, there is no wiser trick
 Than to be constantly putting a kick in the drink.

The grasping merchant, there's no means or way
For making money that is not tried by him.
The dearest rate for the cheapest article,
And ('tis well known) that he'd charge a crown for six-
pence worth.
'Tis he who does that is in danger (*lit.*, 'tis to him it is
    dangerous).
To be in the bottom (of hell) a-roasting and a-burning,
And so, and for that reason, there's no wiser plan
Than to be constantly putting a kick in the drink.

An long ar sáile, is níl clúid ná cearda[52]
Nach dtabharfaí cargo as den domhan mór,
As ríocht na Spáinne go Giberaltar
Is as áit a mbíonn an 'Gran Sinneoir'.
Le gach cargo ag líonadh mála,
    'S níor choinnigh sé an bás uaidh uair ná ló,
Mar sin a chairde níl beart níos fearr dúinn
Ná bheith mar tá sinn, cur preab san ól.

Ach súd é an Críostaí 'gus lámh na ndaoine
Macswell dílis tá in aice an phóirt
A bhíos gan baosraí do lucht a thíre
Is a bhuailfeadh síos Toní mór.
    'Sé a phléisiúr saolta, de ló is d'oíche,
Clann na saoithe aige ar bord,
Beoir is fíon thabhairt dóibh go líonmhar,
Comhrá saoithiúil is preab san ól.

25.10.1890   Bhí bard eile i gContae Mhaigh Eó, Mac Suibhne, do mhol an t-
uisce beatha go mór. Bhí duine darbh ainm nó leas-ainm Sloper, do
ghníodh an t-uisce beatha dob fhearr ins an tír sin; agus rinne Mac
Suibhne an t-amhrán so dá mholadh:

Fuisce Mháistir Sloper

Ar meisce dom, 's níor mhiste liom,
    Gach lá saoire, is Domhnach;
Ag éirí suas ar maidin
Is ag luí síos tráthnóna;
Is é bheir croí is misneach dúinn,
    Thógas cíos is tinneas dínn,
Is ní ólfainn deor den uisce,
    Dá bhfaighinn fuisce Mháistir Sloper.

Níor fhás aon phór trí thalamh riamh
    Chomh maith leis an ngráinne eorna
Dá fheabhas an bia le hithe é
    Is fearr an deoch le hól é.
Bhuail sé Tuaim is Sacsana
    Is a bhfuil as sin go hAlbain
Rún mo chroí is m'anaim é
    Cuid fuisce Mháistir Sloper

---

52   Tá sé ag labhairt ann san rann so air an gceannaidhe mór sin Séarlas Nais,
ó Charn, a raibh a lán loingis aige.

There's a ship on the salt sea[3], and there's not corner nor
quarter.
Of the great world that a cargo won't be brought from it—
From the kingdom of Spain to Gibraltar,
And from the place where the *Grand Seigneur* is
With every cargo filling a bag (with gains),
And he (the rich owner) has not kept death from himself
an hour nor a day,
And so, friends, there's no better plan for us
Than to be, as we are, putting a kick into the drink.

But there's the Christian, and the (right-) hand of the
people,
Maxwell dear (to all), who is (lives) near the port,
Who is without folly to his countrymen,
And who would knock down big Tony.
(All) his worldly pleasure by day and night
Is to have the children of the sages (*i.e.*, bards) at table,
To give them *beoir* and wine in abundance,
(To have) learned conversation, and a blow (kick) at the
drink.

There was another bard in the county Mayo, MacSweeney, who   *25.10.1890*
praised whiskey much. There was a man named, or nick-named,
Mister Sloper, who used to make the best whiskey in that district,
and MacSweeney made this song praising him:

Mr Sloper's Whiskey

I'm drunk (*lit.*, on intoxication to me), and I care not,
  Each holiday and Sunday;
Getting up in the morning,
  And lying down at evening;
'Tis it gives us heart and courage,
  Removes annoyance (*lit.*, rent) and sickness off us,
And a drop of water I'd not drink,
  If I got Mister Sloper's whiskey.

Through the earth there never grew any seed
  As good as the grain of barley,
However good a food to eat it be,
  'Tis a better drink to drink;
It beats out (*lit.*, has beaten) Tuam, and England,
  And all from that to Scotland;
'Tis the love of my heart and soul,
  A share of Mister Sloper's whiskey.

3 He speaks in this verse of the great merchant, Charles Nash, of Carn, who
had a lot of ships.

Is é adeir an chailleach
Nuair théid amach don chomharsain
An raibh tú i dtigh na stile inniu
Nó ar ól tú dadamh[53] fós de?
Níl fíon, níl beoir, chomh milis leis,
Is maith nach raibh mé ar meisce uaidh,
Nuair thit mé siar mo ghillire (?)[54]
Chois tine Mháistir Sloper.

1.11.1890 Ag so amhrán greannúil do rinne 'réic' eile éigin. Do chuala mé féin amhrán cosúil leis, agus ar an bhfonn greannúil céanna, i gContae Roscomáin. Is é ainm an dáin seo:

Máire Bheag Ní Choinnealáin

Dá mbeinn-se ar meisce go bráth,
Braon leanna go deo ní bhlaisfidh mé,
Muna bhfaighe mé mo mhian de na mnáibh,
Is í Malaí bheag bhán Ní Choinnealáin.

'Curfá' nó 'Cearant'

Is fada liom uaim í, uaim í
Is fada liom uaim í, Malaí bheag,
Is fada liom síos is suas í
Is é mo léan géar má d'imigh sí.

Is duine mé shiúlfadh tráth,
Le haghaidh na pléaráca rugadh mé,
Gur lig mé mo rún leis na mnáibh
Is imir siad an báire ag rith orm.

Is fada 7rl.

Ní raibh agam ach cú agus gadhar,
Agus thug mé a n-aghaidh ar an bhfarraige,
Rinn mé fead agus béic,
Agus tháinig mo ghadhair abhaile 'gam.

Is fada 7rl.

Ní hé seo an curfá (nó an 'cearant' mar deir siad i Roscomáin), do bhí ag an amhrán ar an bhfonn céanna do chuala mise, ach is mar so do bhí sé:

Fuisce fal — amh — dil — dum — dú
Fuisce fal — amh — dil — dum seanduine
Fuisce fal — amh — dil — dum — dú
Agus déanfaimid ruc ar na cailleachaibh.

53 Labharthar an focal so mar 'dada' nó 'daidí' i gConnachtaibh.
54 Níl an focal so soiléir sa ls.

(It is what) the old woman says,
　When she goes out to the neighbour,
Were you in the still-house to-day,
　Or did you drink any of it yet?
There's no wine, no *beoir*, so sweet as it;
　'Tis well I was not drunk from it,
When I fell back a . . .
Beside the fire of Mister Sloper.

Here is a comic poem that some other 'rake' composed. I myself heard   *1.11.1890*
a song like it, and to the same comic air, in the county Roscommon.
The name of this poem is:

Little Mary Conellan

If I were drunk for ever,
A drop of *leann* I will not taste,
If I get not my choice of the women,
She is little Molly Conellan.

Chorus.
Methinks she is far from me, far from me,
Methinks she is far from me, little Molly,
Methinks she is a long time (going) up and down,
'Tis my sharp woe if she has departed.

I'm a man who would ramble for a time,
I was born for frolic,
Till I revealed my secret (feelings) to the women,
And they set the goal running against me.

Chorus.
I had but a hound and a dog,
And I turned their face to the sea,
I gave a whistle and a shout,
And my dogs came home to me.

Chorus.

　This is not the chorus, *cur-fa* (or *cearant*, as they say in Roscommon),
that was with the song to the same air which I heard, but it was thus
it was:

Whiskey fol ow dill dum doo,
Whiskey fol ow dill dum old man,
Whiskey fol ow dill dum doo,
And let us kick up a shindy on the hags.

Bhí buachaill eile den tsórt céanna do rinne amhrán ar an tsean-fhonn 'Fágfaimid súd mar atá sé'. Chuala mé gurb é máistir scoile darbh ainm Ó Súileabháin i gCúige Mumhan do rinne an t-amhrán so i dtosach, leath de i mBéarla agus leath de i nGaeilge, ach is cosúil go raibh cuid mhaith amhrán ar an bhfonn céanna in áiteachaibh éagsúla in Éirinn. Ag so dhá rann den chóip Chonnachtaigh:

Fágfaimid súd mar atá sé

Is dóigh leis an mBrídeach,
Tráth bhím-se gan chéill,
Nuair bhím-se ag súgradh
'S ag radaireacht léithe,
Is dóigh léi mo phósadh
Gan feoirling sa tsaol
Is fágfaimid súd mar atá sé.

Is eol domsa a mealladh
Le briathar mo bhéil,
Is eol domsa a mealladh
I dtaca an mheán-lae,
A cuid airgid bheith agam
Ar bharraibh mo mhéar
Is fágfaimid súd mar atá sé.

8.11.1890 Ach b'fhéidir nach bhfuil aon amhrán a bhfuil cáil níos mó air ins gach uile áit in Éirinn ná 'Cailín Deas Crúite na mBó'. Is deacair an t-amhrán d'fháil i gcló, agus ar an ábhar sin, bhéarfaidh mé anso é. Níl mé cinnte an amhrán Muimhneach nó amhrán Connachtach atá ann; tá sé coiteann ins an dá chúige. Má tá an t-ainm 'Dubhros' i gContae an Chláir, ar an taoibh eile tá an t-ainm 'Mionóla' i gContae Mhaigh Eó; mar sin, is deacair a rá cé rinne ar dtús é. Ach ag so é:

Cailín Deas Crúite na mBó

Do bhí mé lá bhreá dul go Dubhros,
Agus casadh orm cailín deas óg,
Chuir sí chugam paiste dá dúiche[55]
Go siúlfadh sí liom insan ród
Leag mé mo lámh ar a cúilín,
Le súgradh gur bhain mé di póg,
Is a chroí, nach ansin bhí an dúiseacht,
Ar chailín deas crúite na mbó.

---

55 Is focal dá-chiallach é seo; tig linn ciall eile bhaint as.

140

There was another lad of the same sort who made a song to the old air: 'Let us leave that as it is.' I heard it was a schoolmaster named O'Sullivan, in Munster, who made this song first, half of it in English and half of it in Gaelic; but it is likely there were a good many songs to the same air in various places in Ireland. Here are two stanzas of the Connacht version.

Let us Leave that as it is

Biddy thinks when
  I'm without sense,
When I am sporting
  And rollicking with her,
She thinks of marrying me
  Without a farthing in the world,
And let us leave that as it is.

I know how to trick her,
  With the word of my mouth
I know how to trick her,
  Coming up to midday,
To have her money
  On the tops of my fingers,
And let us leave that as it is.

But, perhaps, there is no song which has a greater fame in every place in Ireland than the 'Pretty Girl Milking the Cows.' It is different to find this song in print, and for that reason I will give it here. I am not certain is it a Munster or a Connaught song: it is common in the two provinces. If the name 'Doorus' is in the county Clare, on the other hand, the name 'Mionola' is in the county Mayo; so it is hard to say who composed it first. But here it is:

8.11.1890

The Pretty Girl of the Milking of the Cows

I was (one) fine day going to Doorus,
And I met a young pretty *cailin*,
She gave (sent to) me a part of her estate,
In order that she might walk with me along the road
(*i.e.,* marry him).
I laid my hand on her fair head,
Until, through frolic, I took a kiss of her,
And, O heart! is it not then was the awakening
On the pretty girl of milking the cows.

Ceannóidh mé peiribhig púdair,
 Agus carabhat clúite go leor,
Hata trí coc a mbeidh stiúir air,
 Is maig air anonn chun tí an óil.
Seasóidh mé 'rís ar mo dhúiche,
 Agus bainfidh mé comhtha (?) 's gach spórt,
Is a chroí nach ansin bheas an dúiseacht,
 Ar chailín deas crúite na mbó.

Agus éirigh do shuí, a bhean na leanna,
 Ná fan le do chaipín do ghléas,
Agus tabhair chugainn crúisc uisce-beatha,
 Nó deoch de do chuid leanna féin.
Níl fear an tí seo insan mbaile,
 Mo chrá, má is miste liom é,
Óir beimid ag ól go dtí maidin
 Is an cailín ag suí le mo thaobh.

Fógraigh! an bhfaca sibh Conán,
 An beangán is fearr insan tír,
Is ró-mhaith do sheinnfeadh sé ar phíobaibh,
 'S a mhála lán aige de thiúin.
Atá dias cailín aige i Mionóla,
 Is dias eile i mBéal Áth an Rí
Is an bhean tá i Muileann Uí Ghadhra
 Ar maidin do thógfainn a croí.

Do chaith mé seacht seachtain dem shaol,
 Ag ól i dtigh Shéamais Uí hÁil,
Bhí steancán de phíobaire caoch ann,
 Agus puinse ann dá líonadh ar chlár.
Do bhí mise lag, marbh, sínte,
 Gan cor in mo chois ná mo láimh,
Is a chroí, nach ansin bhí an dúiseacht[56]
 Ar chailín deas crúite na mbó.

15.11.1890 Ní thig liom scor de na hamhránaibh óil seo do rinneadh i gConnachtaibh, gan an ceann is ainmniúla agus is clúmhaile acu uile do chur síos, is é sin 'Pléaráca na Ruarcach'. Ní hé mar gheall ar a fheabhas féin atá ainm clúiteach ar an bPléaráca, ach mar gheall ar an ádh do bhí air nuair chuir Déan Swift Béarla air. Tá eolas ag gach uile dhuine ar aistriú an Déan, ach is fíor-bheagán do chuala nó do chonaic an tseanGhaeilge as ar thiontaigh sé é. Ar an ábhar sin ní thig liom a ligean tharm gan a chur síos imeasc na n-amhrán eile.

56 'Cidh bhí agam seal go dúiseachta' sa ls. acht tá rud éigin nach bhfuil ceart ann san líne seo.

I will buy a powder periwig,
And a cravat well covered,
A three-cocked hat which will have a slope on it,
And a set on it towards the drinking-house.
I shall stand again on my estate,
And I shall obtain the prizes (?) in every sport,
And, O heart! is it not then will be the awakening,
On the pretty girl milking the cows.

And get up, O ale-woman,
Don't wait to arrange your cap,
And bring us a jar of *uisgebeatha*,
Or a drink of your own ale.
The man of this house is not at home,
Confound me (*lit.*, my woe) if I care for it,
For we'll be drinking till morning
And the *cailin* sitting by my side.

Say (announce), did you see Conan,
The best young fellow (*lit.*, sprig, shoot) in the
     country,
'Tis exceeding well he would play on (the) pipes,
And his bag with him, full of tunes.
He has a pair of *cailins* in Minola,
And another pair in Athenry,
And the woman that is in (the town of) O'Gara's
     mill,
I'd raise her heart in the morning.

I spent seven weeks of my life
Drinking in the house of Shemus Hall,
There was a little chap (*lit.*, verse) of a blind piper
     there,
And punch there being filled out at table.
(But) I was weak, dead, laid low,
Without a stir in my foot, or my hand,
And, O heart! is it not then was the awakening,
On the pretty milking girl.

I cannot leave off these drinking songs, which were composed in Con-
nacht, without giving here the most famous and renowned of them
all, that is the Plérauca, or 'Revelry of the O'Rorkes.' It is not on
account of its own excellence that the Plérauca has a famous name,
but on account of the good fortune that was on it when Dean Swift
translated it into English. Everyone knows the Dean's translation;
but it is very few who have heard or have seen the old Irish out of
which he translated it. For this reason I cannot let it past me (*i.e.*, *15.11.1890*

Do chuir duine uasal darbh ainm Gore, as Contae Liathdruim cuireadh ar an Déan do theacht leis dá thigh féin, agus nuair tháinig sé bhí féasta mór dá ghléasadh dó, agus chomh fad agus d'fhan sé le Máistir Gore bhí a lán ithe agus óil, spórt is aoibhneas, uisce beatha agus lionn, mairteoil, caoireoil agus muiceoil, do gach aon do thiocfadh á iarraidh. Bhí an Contae Liathdruim (contae nach raibh ach deich míle duine ann anois labhras Gaeilge) fíor-ghaelach insan am so, san mbliain 1720, agus is cosúil nach raibh aon fhear as an gcéad do labhair Béarla ann. Ach chuir gach uile dhuine fáilte roimh an Déan, cé go raibh sé ina Phrotastúnach géar, agus cé gur dhúirt sé go minic go raibh súil aige nach dtabharfaí cead d'aon tsagart Romhánach theacht isteach insan oileán feasta, agus cé gur mhian leis na dlithe Penálacha mallaithe do choinneáil ar bun. Tharla sin ceithre bliana sul scríobh sé 'Litreacha an Drapier', na litreacha sin do rinne príomh-laoch agus gaiscíoch de ar feadh na hÉireann ar fad. Ach bhí eolas ag na daoine nach raibh sé ina charaid do Shacsana nuair a bhíodh an náisiún úd ag cur leatrom ar Éirinn, agus mar nach bhfuil cine ar dhroim na talún is lú fuath in aghaidh luchta nach bhfuil ar aon chreideamh leo féin ná muintir na hÉireann, ní fuath ná déistin do bhí acu roimh an Déan, ach fíor lúcháire agus céad fáilte. Bhí sé insan áit seo nuair chuala sé duine éigin ag gabháil an amhráin 'Pléaráca na Ruarcach', agus do chuir sé dúil mhór insan bhfonn meidhreach greannúil agus i bhfuaim na bhfocal, cé nár thuig sé iad. D'fhiafraigh sé dá charaid, fear an tí, cad é ba chiall dóibh, agus dúirt a charaid leis gurb é duine uasal insan gcontae sin darbh ainm Mac Gabhráin do chum an t-amhrán, agus go raibh sé ina scoláire cliste agus go gcuirfeadh sé cuireadh air go dtiocfadh sé agus go bhfeicfeadh an Déan é, agus dúirt sé, dá n-iarrfadh an Déan é, go míneodh sé ciall an amhráin sin dó, i Laidin nó i mBéarla, mar bhí eolas aige ar an dá theangain chomh maith agus bhí ar Ghaeilge. Rinne sé sin, agus tháinig Mac Gabhráin agus chuir sé Béarla ar an amhrán don Déan, agus bhí sé chomh greannúil go ndearna an Déan amhrán Béarla de, gan a athrú ach fíor-bheag, agus tá an t-amhrán Béarla sin le fáil ins gach dán-chruinniú Sacso-Ghaelach go dtí inniu, ach ní chuimhníonn duine ar bith ar an mháthair-amhrán do rinne Mac Gabhráin.

22.11.1890 Caithfidh mé admháil anso gurb é ainm an Chearbhallánaigh fuair mé os cionn an amhráin seo i ndó nó trí de scríbhinnibh ina bhfaca mé é; agus cuireann Ó hArgadáin imeasc amhrán an Chearbhallánaigh é mar an gcéanna, cé nach labhrann sé aon fhocal eile dá thaoibh, agus nach dtugann sé na véarsaí dúinn. Ach measaim, mar adúirt mé cheana, gurb é clú an Chearbhallánaigh do bhí níos mó ná clú Mhic Gabhráin, d'fhág a ainm-sean os cionn an dáin seo, nó b'fhéidir go ndearna seisean an port agus gur chum Mac Gabhráin an t-amhrán.

pass it by) without putting it down here amongst the other songs.

A gentleman called Gore, from the country Leitrim, sent the Dean an invitation to come with him to his own house, and when he came there was a great feast a-preparing for him, and as long as he remained with Mr Gore there was plenty of eating and drinking, sport and pleasure, *ishka-baha* and ale, beef, mutton, and pork, for everyone who might come to seek it. The county Leitrim, a county in which there are not 10,000 people at present who speak Irish, was at this time, in 1720, purely Gaelic, and it is probable there was not one man in a hundred who spoke English in it. Yet everyone welcomed the Dean, although he was a bitter Protestant, and although he had often said that he hoped that leave would not be given any Romish priest to come into the island in future, and though he was willing to keep the accursed Penal Laws still on foot. This happened four years before he wrote his Drapier's letters, those letters that made a prime hero and champion of him throughout Ireland, from end to end. But the people knew that he was no friend of England when that country was oppressing Ireland, and as there is no race on the ridge of the earth who have less hatred against those who are not of one faith with themselves than the people of Erin, it was neither hatred nor disgust they had for the Dean, but real joy and a hundred welcomes. He was at this place when he heard some man singing the 'Revelry of the Rorke's' and he took great delight in the merry, pleasant air and in the sound of the words, though he did not understand them. He asked his friend, the man of the house, what was the meaning of them, and his friend told him that it was a gentleman of that county named Mac Gowran or Mac Govern who composed the song, and that he was an expert scholar, and that he would send him an invitation, till he should come and the Dean should see him, and he said that if the Dean would ask him he would explain the meaning of that song to him, either in Latin or English, as he knew both languages as well as Gaelic. He did that, and Mac Gowran came, and put English on the song for the Dean, and it was so pleasant that the Dean made an English song of it, only altering it a very little; and that English poem is to be had in every Saxo-Irish anthology until this day; but nobody at all remembers the mother song which Mac Gowran made.

I must confess here that it was the name of the Carolan I found over 22.11.1890 this song in two or three MSS. in which I saw it; and Hardiman places it among the songs of the Carolan, though he says no other word about it, nor gives us the verses. But I think, as I said before, it was the fame of the Carolan, which was greater than the fame of Mac Gabhrain, that left his name over this poem, or perhaps he composed the music and Mac Gabhrain the song. Whoever he was who

Cibé ar bith rinne é, bhéarfaidh mé anso é, cé gur ioma focal ann nach dtuigim, agus cé gur ioma líne ann nach bhféadaimse mhíniú. Is iontach agus fíor-Ghaelach graiméar na dara líne: '. . . do chuala gach duine dá dtáinig, dá dtiocfaidh, 's dá *maireann* riamh beo.' Ach ní hé so an t-aon phonc amháin ina bhfuil an t-amhrán go hiontach. Ag so é:

Pléaráca na Ruarcach

Pléaráca na Ruarcach,
 Do chuala gach duine
Dá dtáinig, is dá dtiocfaidh,
 'S dá maireann riamh beo;
Bhí seacht bhfichid muc
 Mairt agus caoirigh
Dá gcascairt don ghastraigh[57]
 Gach aon ló.
Bhí na páil uisce beatha ann
 'S na meadracha dá líonadh
Ag éirí dúinn ar maidin
 Is againn bhí an spórt.

'Briseadh mo phípe-se!'
 Sladadh mo phóca-sa!'
'Loisceadh mo bhrístí-se!'
 'Goideadh mo chlóca-sa!'
'Chaill mé mo bhiréad
 M'fhallaing 'gus m'fhilléad!'
'Ó d'imigh 'na gcaireadh[58]
 Mo sheacht mbeannacht[59] leo.
Seinn suas an pléaráca sin
 Spreag ar an gcláirsigh sin
An bosca sin Áine
 Agus scallóg le n-ól.

Tá lucht leanúint na Ruarcach
 Ag craitheadh a gcleiteach,
Tráth chuala siad torann
 Agus trom-phléasc an cheoil;
Gach aon acu ar maidin
 Ag éirí gan chaistriocán[60]
(Ag) strachailt a gcuid ban
 'Na ndiaidh san ród.

---

57 .i. gasraidh.
58 'Na gaireid' i ls. eile. Ní thuigim cad é seo, gaduidhthe, b'éidir.
59 'Beanacht' agus ní mbeannacht, sna lsí.
60 *Aliter* 'Coisreagain'.

made it, I shall give it here, although there is many a word in it which I do not understand, and many a line in it which I cannot explain. Wonderful and truly Irish is the grammar of the first line — 'The revelry of the Rorkes which each person *has* heard of, who *has* come or *shall* come, or *ever does* live alive.' But this is not the only point in which this song is strange. Here it is:

The Plérauca, or Revelry of the O'Rorkes

The revelry of the O'Rorkes
    Which each person has heard of,
Of those who have come, of those who will come,
    Or of those who ever live alive.
There were seven score pigs,
    Beeves, and sheep
A-slaughtering for the people
    Every single day.
There were the pails of ishka-baha in it,
    And the madders (large wooden cups, now seldom
        seen) a-filling.
On rising up of us in the morning
    It's we who had the sport.

'My pipe was broken!'
    'My pocket was robbed!'
'My breeches were burnt!'
    'My cloak was stolen!'
'I've lost my cap,
    My mantle and my fillet'
'Since they've gone in . . . (?)
    My seven blessings with them!'
'Play up that Plérauca'!
    'Chaunt that on the harps!'
'(Give us here) that box of Anya's (with the provi-
        sions in it?)
    And a bumper to drink!'

The followers of the Rorkes are
    A-shaking their feathers
When they heard the noise
    And the heavy crashing of the music,
Each one of them in the morning
    Rising without blessing himself.
Dragging their share of women (*i.e.*, their wives)
    After them in the road.

Nach láidir an seasamh
Don talamh bhí fúthu
Gan pléascadh le sodar
Agus glug ins gach bróig!
'Do shaol is do shláinte
Mhaoileachlainn Uí[61] hEanagain',
'Dar mo láimh 's deas damhsaíos tú
Mharsaill Ní[62] Readachain'[63]
'Here's to you, a Mháthair!
Go raibh maith agat, a Phádraig',
'Caith tusa an scála sin
Suas in do scóig.'
'Craith fúinn an tsráideog sin',
'Scar orainn[64] an chaiteog sin',
'Buail cic insan ól
Agus preab insan ór.'
Seinn suas an pléaráca sin
Spreag ar an gcláirsigh sin
An bosca sin Áine
Agus scallóg le n-ól.

29.11.1890

A rí na ngrásta
Dá bhfeicfeá-sa an gastraigh
Iar líonadh a gcraicne
'S a' lasadh le póit,
Bhí cnáimh-ruighead (?) bacaird (?)[65]
Ar fad in (gach) scian acu
A' polladh 's a' gearradh
Go leor leor leor.
Céad[66] aithshlisne (?) darach ann
Ag dul tríd a céile,
Ag cnagadh ag leagadh
Ag loscadh 's ag dó;
'A bhodaigh, 'sé m'athair
Chuir Mainistir na Búille suas,
Gaillimh is Sligeach
Is Carraig Droim Rúisce fós!'
'Sé Iarla Chill Dara

---

61 'Ua' sa ls.
62 'Ua' sa ls.
63 *Aliter* 'Criadagáin'.
64 B'éidir tharrainn.
65 'Cráin rith bacaird' i ls. eile. Ní thuigim ceachtar aca.
66 'Cead' sa ls.

Wasn't it strong the standing
   To the ground that was under them (*i.e.*, didn't the
   ground stand strong),
Without bursting (*i.e.*, that it did not burst), with the
   trotting
   And a glug in every brogue (*i.e.*, water put in the
   boots to make more noise in dancing).

'Your life and your health (I drink to you)
   Malachy O'Henigan!'
'By my hand it's nicely you dance
   Maursal (Margery) Hee Reddigan!'
'Here's to you, mother!'
'I thank you, Patrick!'
Throw that bumper-full, you,
   Up into your throat!'
'Shake that mat under us;'
'Spread that winnowing-sheet over us;'
'Strike a kick in the drink (i.e., punish it well),
   And a kick in the gold!' (i.e., don't spare it?')
'Play up that Plérauca!'
Make music on that harp.
That box of Anya's,
And a bumper to drink.

Oh, King of Grace!   *29.11.1890*
If you were to see the people
After filling their skins,
   And burning with drink.
There was a bone would reach a boccard's length (?)
In every knife of them,
Stabbing and cutting
   Galore — lore — lore.
A hundred beetles (?) of oak in it
Going through one another,
A-knocking and felling
   And lighting and burning.
'You clown, 'twas my father
Founded the monastery of Boyle,
Galway, and Sligo,
And Carrick-Drum-Ruska too.'
'Tis the Earl of Kildare

Agus biatach Mhaigh an Ealta
D'oil agus d'altraim mé
 Fiosraigh de Mhóir'
Leagaigh an t-adhmad sin
Buailigh an straiméad (?) sin,
Cic insan táir
 Agus cuff insa tsróin.

'A rí na ngrásta
Cad é[67] thóg an pléaráca so?'
Ars Eaglais ag éirí,
 'S ag bagairt go mór.
Ní spiorad naomh ná caistrioc
Do labhair gach aon acu,
Ach bata mór cuapach
 Bog (?) lán (ina) dhorn
Tráth shíl siad na caiplinidh (?)
 (Do) chascairt 's do chiaradh
Fágadh an sagart
 'Na meall casta fán mbord.
D'éirigh na bráithre
 (Ag) tartháil na bruíne
Fágadh an tAthair Gáirdín
 Ar a thóin insan ngríosaigh 7rl.

Tá cúpla véarsa eile ann de réir scríbhinne eile, ach níl aon chiall iontu, agus is fearr a bhfágáil amuigh. Do chonaiceamar anois ár sáith de shamplaibh ar amhránaibh óil na nua-bhard Connachtach, agus fágaimid anois iad.

---

67 'Go dé' sna lsí. Connachtacha so i gcómhnuidhe.

And the *Biatach* of Moynalty
Who nurtured and bred me,
   And ask that of More (a woman's Christian name).
Throw down that timber,
Strike that *straiméad* (?)
A kick in the stomach
   And a cuff on the nose.

There are a few more in this, according to another manuscript, but there is no sense in them, and it is better to leave them out.

We have by this time seen enough of examples of the drinking songs of the modern Connacht bards, and will now leave them.*

*The next four chapters of the Songs of Connacht have been reprinted most recently by the Irish University Press, as follows : *Abhráin Grádh/Love Songs* (1969), *Abhráin atá leagtha ar an Reachtúire/Songs ascribed to Raftery* (1973) and *Abhráin Diadha/Religious Songs* (1972). *Vid.* Introduction pp. 9-12 and Bibliography pp. 19-21.

Aguisín / Appendix

Here is the text described by Douglas Hyde as 'an t-amhrán is breátha agus is binne dar cumadh ar droim na talún ariamh ag moladh na biotáille' (the finest and sweetest song ever composed on the face of the earth praising drink):

Leighios gach Galar an t-Uiscidhe

Sul fá n-éirghídh tú air maidin bíodh do dheas-lámh uait
  sínte,
Mar a bhfágh tú do bhuidéal den bhiotáile bhríoghmhar;
Sul fá ndéanaidh tú do choisreagadh cuir graideóg fá do
  chroídhe dhe,
Más maith leat 's a' tsaoghal-so bheith buan, fulláin,
  beódh,
Éirghidh go tapaidh agus fáisg ort do bhrístidh,
Ná fan le do bhearradh, do ghlanadh nó do chíoradh,
Nó go gcuiridh tú bog-tharraing fá do sgairteach 's do
  phíobán
Den n-Uiscídhe mar Nectar, do choisgeas gach íota,
A's ó mhaidin go h-oídhche cuirfeas ceileabhar a'd ghlór.

Is iocshláinte an t-uiscídhe léigheasas agus shlánuígheas
Gach tinneas agus aicíd dá leanann síol Ádhaimh;
Ní'l úsáid le dochtúir nó le poitecéirídhe gallda,
Acht ól lán sgála dhe gach maidin a's gach oídhche.
An biotáile beanduighthe do choisric Naomh Páttruicc,
Ná cuiridh é gcompráid le fíontaibh na Spáinne,
Le Burgundídhe na Fraínce, nó Hoc na n-Almáinne,
Le Rum nó le h-Arrac do tháinic thar sáile,
Ó's ócáid mhór báis iad do loisgeas ar gcroídhe.

Má tá maíll amhairc ort nó dursán ann do chluasaibh,
Coilic ann do ghaile nó gread-losgadh fuail ort,
Gút ann do chosaibh nó arraing ann do ghuailnibh,
Ól naoi n-uaire deoch Uiscídhe 's an ló.

Glanfaidh do rosg, beidhir aigeantach, úr-chroídheach,
Meanmnach, cliste 's ní chuirfidh fuacht ort,
Ann sin gheabhair codla, socaracht a's suaimhneas,
Ní thaobhfaidh tú aicíd, tinneas ná buaidhreadh,
Go mbeidh tú deich n-uaire chomh sean leis an gceódh.

In his Introduction to *Irish Minstrelsy*[1] James Hardiman states:

every care has been taken to insure that accuracy, which, without
presumption, may be claimed for the following originals. Their preservation
being his sole object, his intention at first extended only to their publication,
with a few explanatory notes. He afterwards considered how far literal
English translations would be an improvement of his plan. But the widely
different idioms of both languages; the difficulty, or rather impossibility,
of preserving the spirit of the bards; and the consequent injury to their works
and memory, proved decisive against such a process. From a quarter, not
previously contemplated, he was, at length, enabled to overcome the
difficulty, and to present his literal essayings in the more appropriate garb
of verse. Some literary friends of acknowledged poetical abilities, to whom
he communicated his project, generously undertook the task.

One of these friends was Thomas Furlong (1794-1827), a native of
Co. Wexford, of whom Hardiman wrote:

When his aid was first solicited, the writer had the same difficulty with him,
as with others, to prove that any productions of value were extant in the
Irish language. Acquainted only with the English words associated with our
native airs, he smiled incredulously at the asserted poetical excellence of
the original lyrics, and even questioned their existence. It was true, he
admitted, that he had often heard them spoken of, and sometimes praised,
but that he considered as the mere boasting of national prejudice. 'If,' said
he, 'they possess any merit, I cannot conceive how they could have remained
so long unknown.' After several explanations, however, and an examination
of some of these neglected originals, his opinions began to change. He at
length confessed that he discovered beauties of which, until then, he had
been wholly unconscious; and finally entered on the undertaking, with an
ardour and perseverance which continued to the hour of his death. In his
translations he endeavored to express himself as he conceived the bard would
have done, had he composed in English.

Here is Furlong's version, followed by Hardiman's note on the song:

[1]*Irish Minstrelsy* or *Bardic Remains of Ireland* with *English Poetical
Translations* collected and edited, with notes and illustrations by James
Hardiman, M.R.I.A. (London, 1831).

Whiskey is the Potion that can cure Every Ill

THOMAS FURLONG

At the dawning of the morn, ere you start from the bed,
Try and clear away the vapours which the night has shed,
If drowsy or if dull,
At the bottle take a pull,
And comfort thro' your bosom the gay draught shall
spread:
Moist'ning, cheering, life-endearing,
Humour-ending, mirth-extending—
Be the whiskey ever near thee thro' the day and the night;
'Tis the cordial for all ages,
Each evil it assuages
And to bards, and saints, and sages
Gives joy, life, and light.

Oh! whiskey is the potion that can cure every ill,
'Tis the charm that can work beyond the doctor's skill;
If sad, or sick, or sore,
Take a bumper brimming o'er,
And sprightliness and jollity shall bless thee still:
Still seducing, glee-producing,
Love-inspiring, valor-firing—
'Tis the nectar of the Gods—it is the drink divine;
Let no travell'd dunce again,
Praise the wines of France or Spain,
What is claret or champagne?—
Be the whiskey mine.

Oh! bright will be your pleasures, and your days will be
long,
Your spirits ever lively, and your frame still strong;
Your eyes with joy shall laugh,
If heartily you quaff,
Of the liquor dear and cheering to the child of song:
Gout-dispelling, cholic-quelling,
Agues-crushing, murmurs hushing,—
To the limbs all old and feeble it will youth restore;
And the weak one who complains,
Of his weary aches and pains,
If the bottle well he drains,
Shall be sick no more.

This humorous whiskey *lilt*, has been generally, but, as I apprehend, improperly ascribed to Carolan; lest, however, I may be mistaken in this opinion, I have judged it proper to include it among his Remains. It is now, for the first time, published; and, it may be considered strange, that in this whiskey-loving isle, this land of cheer, and song, and merriment, so curious an antidote against care, should have remained so long unknown. But perhaps it was unnecesarry; the enticing beverage was but too copiously used without it. It is here translated to the characteristic air of 'Carolan's Receipt;' and as a genuine 'Chanson de boire,' stands, in our opinion, unrivalled.

Tradition has preserved the following account of its composition. The jolly-hearted bard, whoever he was, in one of his excursions, visited an old friend, whom he found confined to his bed, more under the pressure of melancholy feelings, than of any bodily ailment. He immediately drew near the bedside, took his harp, and played and sung the music and words of this inimitable song. The effect was instantaneous — irresistible. The melancholy spirit fled. The dispossessed started up, joined the festive board, and was 'sick no more.'

Another Douglas Hyde book from Irish Academic Press

Language, Lore and Lyrics

ESSAYS AND LECTURES BY
DOUGLAS HYDE

EDITED BY BREANDÁN Ó CONAIRE

containing

Smaointe (1880)
The Unpublished Songs of Ireland (1885)
A Plea for the Irish Language (1886)
Some words about Unpublished Literature (1888)
Essay (Lecture) on Irish Folklore (1889)
Gaelic Folk Songs (1890)
Some Words on Irish Folklore (1890)
On Some Indian Folklore (1891)
The Irish Language (1891)
The Necessity for De-Anglicising Ireland (1892)